CONNAISSANCE DE L'ORIENT

La déchéance d'un homme

par Dazaï Osamu

TRADUIT DU JAPONAIS
PAR GEORGES RENONDEAU

nrf

GALLIMARD

Titre original

NO LONGER HUMAN

Né en 1909 dans une riche et puissante famille du Japon, Dazaï Osamu a mené jusqu'à sa mort une vie folle et désespérée. Morphinomane, tuberculeux et alcoolique, il tenta plusieurs fois de se suicider. Auteur d'une excellente nouvelle, *La femme de Villon*, parue en 1947, puis de ses deux romans principaux, *Soleil couchant* et *Le disqualifié*, il avait commencé un autre roman à épisodes sous le titre anglais de *Good Bye*. En 1948, il réussit enfin à se tuer en se jetant dans les eaux débordantes du barrage Tamagawa, à Tokyo. Par une sorte d'ironie, son cadavre fut découvert le jour de son trente-neuvième anniversaire, le 19 juin 1948.

PRÉFACE

J'ai vu trois photographies de cet homme.

La première est une photo de jeunesse; c'est celle d'un enfant d'environ dix ans, autant qu'on puisse en juger. L'enfant est debout, entouré par de nombreuses filles (j'imagine que c'étaient des sœurs aînées ou cadettes, des cousines plus âgées ou plus jeunes que lui), au bord d'une pièce d'eau dans un jardin. Il est vêtu d'un hakama [1] à larges rayures; la tête est tournée de trois quarts vers la gauche; il sourit d'un sourire laid. Laid ? Cependant, quand des personnes à l'esprit dénué de finesse et de sensibilité (j'entends par là une insensibilité à la beauté et à la laideur) faisaient ce compliment de courtoisie indifférente : « Un gentil enfant, n'est-ce pas ? », ce compliment

1. Large jupe-culotte à plis raides revêtue par-dessus le kimono.

n'était pas entièrement vide de sens, car le visage souriant de cet enfant ne manquait pas d'une certaine gentillesse. Toutefois je ne sais si une personne un peu exercée à juger de la beauté et de la laideur n'aurait pas dit au premier coup d'œil : « Oh ! Cet enfant est déplaisant ! » d'un air maussade et en faisant voler au loin la photo du geste dont on chasse une chenille.

C'est vrai, plus on regardait ce sourire d'enfant, plus on éprouvait un certain sentiment désagréable. Au fond, ce n'était pas un sourire. Cet enfant ne souriait nullement : il tenait les deux poings serrés, ce qui en est une preuve car on ne serre pas les poings quand on sourit. C'était un singe. C'était un sourire simiesque; sur le visage on ne voyait que des vilaines rides. « L'enfant plein de rides », avait-on envie de l'appeler. De plus, c'était la photo d'un être étrange, moralement sale à certains égards et dont l'expression vous causait une certaine répulsion. Je n'avais jamais vu jusque-là un enfant d'une expression aussi singulière.

La deuxième photographie présentait de nouveau une étrange figure qui surprenait. C'était celle d'un étudiant. On ne savait au juste s'il s'agissait d'un élève de lycée ou de faculté. Quoi qu'il en soit, c'était un garçon extrêmement beau. Cependant, de nouveau, on était surpris de ne pas éprouver l'impression d'un être vivant. Il portait l'uniforme des étudiants; sur sa poitrine la pochette laissait voir un mouchoir blanc. Il était assis sur une chaise de bambou, les pieds joints. Là encore, il souriait, mais cette fois ce n'était pas le sourire d'un singe plein de rides; c'était un faible sourire esquissé avec art, mais qui différait cependant d'un sourire ordinaire par un certain quelque chose. Dira-t-on qu'il trahissait un manque de vitalité, les traces des tribulations de l'existence ? Non, il ne s'agissait nullement d'une impression aussi nette. On pensait plutôt à la légèreté, non d'un oiseau, mais d'un poil, d'une plume, d'une feuille de papier : il souriait. En un mot il donnait l'impression d'être entièrement factice. On ne pouvait y trouver de l'affectation, de la frivolité, de la prétention, encore moins de la coquetterie. Et cependant, à le regarder attentivement, tout en étant un étudiant d'une jolie figure, il laissait une impression déplaisante. Je n'avais jamais vu jusque-là un jeune homme d'une beauté aussi bizarre.

La troisième photographie était la plus singulière de toutes. Il était tout à fait impossible de fixer l'âge du personnage. La tête paraissait légèrement grisonnante. Dans le coin d'une chambre sordide (sur la photo les murs s'écroulaient en trois endroits) il était assis, les mains tendues au-dessus d'un brasero. Cette fois il ne souriait pas. Il n'avait aucune expression. On aurait dit, à le voir assis les mains allongées au-dessus du petit brasero, qu'il allait mourir; la photo était déplaisante et de mauvais augure. Ce n'est pas tout. Le visage s'y trouvait en gros plan de sorte que j'ai pu en étudier attentivement les traits. Le front était ordinaire; les rides du front, ordinaires; les sourcils, ordinaires; le nez, la bouche, le menton, ordinaires. Ah ! n'y avait-il donc aucune expression sur ce visage ? Aucune ne vous venait à l'esprit. Il ne s'y trouvait aucun trait saillant. Je regardais cette photo, mais mes yeux se refusaient à le voir. J'ai oublié ce visage. Je me rappelle les murs de la chambre, le petit brasero, mais les traits du personnage se sont évaporés doucement, comme la rosée; j'ai beau faire, je ne me les rappelle pas. C'est un visage qui ne dit rien dans un portrait. Il ne dirait rien non plus en caricature. J'ouvre les yeux. Eh bien, était-il ainsi ? Je n'ai pas même le plaisir de m'en souvenir. En exagérant, je dirai qu'en replaçant cette photo sous mes yeux, elle ne me rappellerait rien. Et puis, mécontent, irrité, involontairement j'aurais envie de détourner les yeux.

Quand on parle du visage d'un mort, on s'attend à y retrouver quelque chose de son expression d'autrefois, de l'impression qu'il vous laissait; ici on se serait cru en face d'une tête en bois d'un mannequin sans expression. Quoi qu'il en soit, sans chercher plus loin, cette photo faisait frissonner celui qui la regardait, le mettait mal à l'aise. Je n'avais jamais vu jusque-là un visage d'homme aussi étrange.

PREMIER CARNET

J'ai vécu une vie remplie de honte.

Pour moi, la vie humaine est sans but. Je suis né dans un village du nord-est et j'étais déjà grand lorsque j'ai vu un train pour la première fois. En voyant, au-dessus de la gare, le pont où des gens montaient, descendaient, je ne comprenais pas qu'il était fait pour franchir les voies et je pensais que l'enceinte de la station était un lieu d'amusement à la mode étrangère, arrangé uniquement pour les personnes élégantes. Qui plus est, j'ai pensé ainsi assez longtemps. Monter, descendre le pont, c'était pour moi un sport distingué; parmi les emplois du chemin de fer, c'était l'un des plus spirituels. Mes yeux se sont ouverts subitement quand, plus tard, j'ai découvert que cela n'avait d'autre but que de traverser les voies.

De même, lorsque au temps de mon enfance je vis dans un livre illustré un chemin de fer souterrain, l'utilité de ce dernier ne m'apparut pas; je pensai qu'aller en voiture sous terre au lieu d'aller en voiture sur terre était simplement un amusement original.

Depuis mon enfance j'ai été de faible constitution. Je restais souvent au lit et j'étais persuadé que les draps, les taies d'oreiller, les protège-couvre-pieds étaient des ornements inutiles; c'est à l'âge de près de vingt ans que j'ai compris que, contrairement à ce que je pensais, ils étaient des objets d'utilité, et alors je fus saisi de mélancolie à la pensée que la vie humaine dépend de ces mesquineries.

De plus, je ne savais pas ce que c'est que d'avoir faim. Cela ne veut pas dire que j'aie été élevé dans une maison où l'on ne se préoccupait ni du logis, ni de la nourriture, ni du vêtement, ce serait stupide; mais j'ignorais complètement la sensation de la faim. Cela peut paraître bizarre de parler ainsi, mais je pouvais avoir faim : cela n'avait pour moi aucune importance. Quand je revenais de l'école ou du collège, les personnes qui m'entouraient me disaient : « Tu dois avoir faim; nous nous en souvenons bien : en rentrant de l'école nous mourrions de faim; veux-tu de la pâte de haricots sucrés ? Veux-tu du biscuit, du pain ? » et ils s'agitaient autour de moi. Enjôleur-né, je murmurais : « J'ai faim » et je remplissais ma bouche d'une dizaine de haricots sucrés. En réalité, je n'avais pas la moindre idée de la sensation d'avoir le ventre vide.

Traité ainsi, je mangeais naturellement beaucoup, mais je n'ai pas le souvenir d'avoir mangé parce que j'étais poussé par la faim. Je mangeais des choses jugées rares; je mangeais des choses qui passaient pour être de luxe. De plus, en dehors de la maison, je me forçais à prendre tout ce que l'on me présentait.

Les moments les plus pénibles de mon enfance étaient ceux que l'on passait à table. Dans la maison que nous habitions en province vivaient au total une dizaine de personnes. Les petites tables individuelles étaient alignées sur deux rangs. Comme j'étais le plus jeune, ma place était naturellement la dernière. La pièce où l'on prenait les repas était assez sombre. A l'heure du déjeuner, la famille, composée de dix personnes environ, mangeait en silence. J'en avais froid dans le dos. Et puis, notre maison ayant conservé les habitudes de la province, les aliments ajoutés au riz étaient généralement classiques; les mets rares, les mets de luxe, je les ignorais et ne pouvais donc en avoir envie, de sorte que j'avais de plus en plus horreur de l'heure des repas. Assis à la dernière place dans cette pièce sombre, tremblant de froid, je portais ma nourriture à mes lèvres par petites bouchées; je la poussais en me demandant pourquoi ces personnes mangeaient trois fois par jour. En vérité, ils mangeaient tous le visage grave; cela devait être une sorte de cérémonie qu'accomplissait trois fois par jour la famille rassemblée à heures fixes dans une pièce assez sombre, à des tables individuelles alignées avec soin; même s'ils n'avaient pas envie de manger, ils avalaient leur nourriture sans mot dire; cela devait être une sorte de prière aux esprits qui hantaient la maison... Telles étaient mes pensées.

« Quand on ne mange pas, on meurt ! » J'avais les oreilles rebattues de cette phrase ennuyeuse empreinte de menace. Cette superstition (pour moi, aujourd'hui encore, c'est une superstition) me causait toujours de l'inquiétude et de la crainte. « Quand on ne mange pas, on meurt ! C'est pour cela qu'il faut travailler ! » De tels propos étaient pour moi difficiles à comprendre, obscurs, mais ils me semblaient menaçants au plus haut point.

Je ne comprenais pas du tout pourquoi

les gens ont une occupation. Mon idée du bonheur et celle que s'en font les autres se contredisaient tellement que j'en éprouvais un malaise tel que, la nuit, sans cesse, je me retournais dans mon lit, je gémissais, je devenais presque fou. En fait, n'étais-je pas heureux ? Depuis mon enfance on m'avait souvent répété que j'étais un être heureux. Pourtant j'étais toujours affligé de tourments d'enfer; les gens qui prétendaient que j'étais heureux étaient infiniment plus heureux que moi.

Dix malheurs se sont accumulés sur moi, mais, parmi ces dix, le poids de l'un d'eux n'a-t-il pas été supporté pleinement par une amie à qui il a coûté la vie ?

Finalement, je ne sais pas. La nature, le degré de la souffrance de mon amie, je ne les ai pas devinés du tout. La véritable souffrance, ce fut, après avoir pris un repas, de pouvoir se décider (au suicide) ; ce fut peut-être la souffrance la plus aiguë, une souffrance dépassant de loin les dix peines dont j'ai parlé; une souffrance peut-être semblable à l'un des tourments de l'enfer le plus profond [1], je ne sais; mais ne pas être mort après cette tentative de suicide,

1. L'enfer bouddhique est multiple, au plus bas se trouve l'enfer où les souffrances sont le plus terribles.

ne pas être devenu fou, avoir discuté de partis politiques, n'avoir pas sombré dans le désespoir, avoir continué le combat pour la vie, tout cela n'a-t-il pas été plus cruel ? Que je fusse égoïste et, qui plus est, que je trouvasse cela naturel, personne ne m'en a jamais soupçonné. C'est là le bonheur, et tous les hommes sont ainsi; de plus, je ne sais si ce n'est pas là l'idéal... Lorsque, après une nuit d'un sommeil profond, je me réveille en me demandant quel était l'objet d'un rêve plaisant que j'ai fait, lorsque tout en me promenant je pense à quelque chose, de quoi s'agit-il ? D'argent ? C'est peu vraisemblable. Que les hommes vivent pour manger, on me l'a dit et je suis porté à le croire, mais qu'ils vivent pour avoir de l'argent ne m'est pas venu aux oreilles. Pourtant, cela dépend des cas... mais cela non plus je ne le comprends pas. Plus je réfléchis, moins je comprends. Moi seul diffère des autres. Entre mon amie et moi la conversation était à peu près impossible. Qu'est-ce que j'aurais pu lui dire ? Je ne sais.

C'est pourquoi je suis devenu bouffon.

C'était mon ultime demande d'affection que j'adressais aux hommes. Tout en les craignant au plus haut point je crois que je n'étais pas résigné à tout supporter d'eux. Et puis, par mes bouffonneries, un fil me rattachait encore un peu à mes semblables. Extérieurement, le sourire ne me quittait jamais ; intérieurement, en revanche, c'était le désespoir. Pour ne pas révéler ce contraste, je devais garder, au prix de sueurs froides, un équilibre qui ne tenait qu'à un cheveu.

Etant enfant, je n'arrivais à découvrir aucun des soucis, aucune des pensées des membres de ma famille. Comme je ne pouvais supporter leur air peu avenant, je devins un maître bouffon. Pour tout dire, malgré moi je ne pouvais dire un seul mot vrai.

Quand on regarde des photographies de cette époque qui me représentent avec des membres de la famille, les autres sont là avec des visages sérieux, tandis que, moi seul, j'ai toujours le visage bizarrement déformé par un sourire. C'était là une sorte de bouffonnerie naïve et tragique.

Dans les conversations que j'avais avec mes proches, pas une seule fois je n'obtenais de réplique. Je voyais là un léger reproche qui me frappait comme la foudre et m'exaspérait. Une réplique, même des reproches eussent été l'expression de ce que les hommes ont traditionnellement appelé « la vérité », mais moi je n'avais pas la force de pratiquer cette vérité, j'étais obsédé par l'idée que je n'étais peut-être pas fait pour vivre avec les autres !

Aussi ne pouvais-je soutenir des disputes oratoires, plaider mes propres vues. Lorsqu'on me faisait des reproches, je m'imaginais que j'avais commis une faute grave; de toute manière je recevais toujours ces attaques sans mot dire, mais j'éprouvais intérieurement des craintes folles.

Je ne sais s'il existe des personnes qui font bonne contenance quand elles sont critiquées, quand on les irrite, mais moi, dans un visage en colère je vois une nature pire que celle d'un lion, d'un crocodile, d'un dragon, d'une bête plus effrayante encore. D'ordinaire, cette nature est cachée, mais il suffit d'une occasion pour la révéler. C'est ainsi qu'un bœuf semble dormir paisiblement dans une prairie, mais quand un taon lui pique le ventre, il fouaille violemment de la queue pour le tuer. Quand je voyais la nature véritable, effrayante de l'homme se démasquer, la crainte me faisait trembler au point que mes cheveux se hérissaient. En outre, pensant que cette nature devait être l'une des caractéristiques de l'homme, j'en étais pour ainsi dire désespéré.

Je pouvais faire n'importe quoi; mon but était de faire rire. Toutefois, bien que je fusse en marge de la vie des autres, ceux-ci n'étaient peut-être pas indifférents à ce que je faisais; en tout cas, il ne fallait pas blesser leurs regards. « Ce n'est pas moi ! C'est le vent... c'est le ciel... » Mon esprit n'était plus préoccupé que par de telles pensées. Par mes facéties je faisais rire ma famille et aussi les serviteurs et servantes (plus incompréhensibles et plus terribles pour moi que la famille); c'était un bouffon désespéré qui se donnait en spectacle.

Un été je me promenai dans la véranda portant un sweater de laine rouge sous un léger vêtement d'été. Je fis rire toute la maison. Mon frère aîné, qui ne souriait jamais, m'apercevant, me lança de son air le plus aimable :

— Yô-tchan [1], ce n'est pas de saison !

Comment ! Si je me promenais en plein été avec un sweater de laine, ce n'est pas parce que j'étais détraqué au point de ne pas distinguer le froid du chaud. J'observais par l'ouverture de la manche de mon vêtement léger ma jeune sœur qui mettait des leggings autour de ses jambes ! C'était une imitation qui valait le port de mon sweater.

1. Le héros de ce roman a pour prénom Yôzô, par abréviation Yô. *Chan* (transcrit ici *tchan* pour le lecteur français, prononcé un peu comme *tian*) est un suffixe ajouté par gentillesse aux noms des enfants, des jeunes filles. (On verra plus loin : Se-tchan, etc.). Un nom de femme ou de fille se termine par *ko* : Tsune-ko, Yoshi-ko.

Mon père, qui avait de grosses affaires à Tôkyô, possédait une villa dans Sakuragichô, à Ueno. Il passait une grande partie du mois dans cette villa. Quand il revenait, il rapportait aux membres de sa famille, et même à ses amis, une profusion de cadeaux. C'était pour lui un grand plaisir. La veille de l'un de ses départs, il rassembla ses enfants dans le salon et, en souriant, demanda à chacun ce qu'il désirait recevoir à son prochain retour. Il inscrivait les réponses sur un carnet. C'était merveilleux de voir l'affection de ce père pour ses enfants.

— Et toi, Yôzô ? me demanda-t-il.

Je bafouillai quelques mots inintelligibles et ce fut tout.

Aussitôt qu'il m'eut demandé ce qui me ferait plaisir, je ne désirai plus rien. N'importe quoi. Tout m'était égal. Je ne voyais rien dont j'eusse particulièrement envie, voilà tout ce que j'avais dans l'esprit. D'autre part je ne pouvais refuser une chose qui m'était offerte, même si elle ne correspondait pas tellement à mes goûts. D'une chose qui me déplaisait, je n'aurais pas dit : je n'en veux pas ; quelque chose que j'aimais et que j'acceptais en tremblant comme si je l'avais volé m'aurait laissé un goût amer. J'étais ainsi torturé par des sentiments que je ne puis exprimer. En d'autres termes je n'avais pas la force de choisir entre deux choses. Je pense que c'est là une disposition de ma nature qui devait être plus tard l'une des causes principales d'« une vie remplie de honte ».

Je me taisais, j'étais mal à mon aise, ce qui mit un peu mon père de mauvaise humeur.

— Ou alors un livre ?... Dans une boutique près du temple d'Asakusa [1], il y a des têtes de lion pour la danse du lion en janvier; les enfants s'en coiffent pour s'amuser. N'as-tu pas envie que je t'en achète une à ta mesure ?

M'étant entendu dire : « N'as-tu pas envie... », c'en était fait de moi. Je ne trouvai aucune réponse spirituelle. Le bouffon avait échoué complètement.

Le visage sérieux, mon frère aîné dit :

— Un livre, je crois que ce serait bien.

— Tu crois ?

Déçu, mon père n'inscrivit rien sur son carnet qu'il ferma d'un coup sec.

Quel échec ! J'avais mis mon père en colère. Sa revanche serait sûrement terrible. Que pouvais-je faire maintenant pour effacer cela ? Cette nuit-là, je tremblais dans

1. Très grand temple de Tôkyô, très populaire, dédié à Kannon. Dans son enceinte et aux environs se tient une foire permanente.

mon lit. Me levant doucement, j'allai au salon, j'ouvris le tiroir de la table où, quelques instants auparavant, mon père avait dû ranger le carnet qu'il avait rempli; je sortis le carnet, j'en tournai fébrilement les pages; je trouvai l'endroit des cadeaux; je mis dans ma bouche le bout du crayon contenu dans le carnet et, après avoir écrit : « Danse du lion », j'allai me coucher. Je n'avais absolument aucune envie de cette tête de lion, au contraire. Mais rien que pour changer l'humeur de mon père, je n'avais pas hésité à courir des risques en me glissant furtivement, en pleine nuit, dans le salon.

En fait, cette décision de la dernière minute fut couronnée d'un grand succès. Bientôt mon père revint de Tôkyô. De la chambre des enfants dans laquelle je me trouvais, je l'entendis dire à haute voix à ma mère :

— Chez le marchand de jouets, dans le quartier des boutiques du temple, j'ai ouvert ce carnet et, ici, j'ai vu écrit : « La danse du lion. » Ce n'est pas mon écriture. Oh ! mais...

Et, inclinant la tête, une idée lui vint à l'esprit.

— Cela, c'est une espièglerie de Yôzô ! Cet animal, lorsque je l'ai interrogé, a ri bêtement sans répondre. Ensuite, il n'a pu maîtriser son désir d'avoir le lion. Pourquoi diable ce gamin est-il ainsi capricieux ? Il fait semblant de ne pas savoir ce qu'il veut, et puis il l'écrit bel et bien. S'il en avait tellement envie, il n'avait qu'à le dire ! Devant la boutique du marchand de jouets, j'ai bien ri. Dis donc à Yôzô de venir ici tout de suite.

De mon côté, j'avais rassemblé le serviteur et les servantes dans la chambre européenne ; je faisais frapper les touches du piano par le domestique qui faisait une cacophonie du diable (nous étions à la campagne, à la maison les gens étaient au complet), et moi, me joignant à cet impromptu, je dansais une danse indienne qui faisait rire tout le monde aux éclats. Le second de mes frères, se servant d'un flash, me photographia dans cette danse indienne. Sur le tirage de cette photo on aperçut par la fente de mon caleçon (taillé dans un foulard de calicot) un petit membre viril, ce qui provoqua encore de grands rires dans la maison. C'était là un succès que je n'avais pas prévu non plus.

Tous les mois je recevais de Tôkyô les derniers numéros de plus de dix revues enfantines, et puis toutes sortes de livres. Je les lisais en cachette. Les histoires du docteur Mechara-kuchara et celles du docteur Nanjamonja m'étaient très familières; les histoires de revenants, les causeries, les contes comiques, les anecdotes d'Edo et toutes choses semblables, je les apprenais passablement; je redisais ces histoires drôles d'un air sérieux ce qui ne manquait pas de faire rire tout le monde.

Mais, dans tout cela, et l'école ?

C'est à cette époque que l'on commença à me « témoigner du respect ». L'idée d'être respecté m'effrayait extrêmement. Tromper une personne qui me touchait de près, être démasqué ensuite par quelqu'un qui savait tout, qui pouvait tout, et alors être l'objet du mépris, subir une honte pire que la mort, voilà l'idée que je me faisais de la situation d'un être « respecté ». On trompe une personne (alors qu'on est respecté), quelqu'un l'apprend, qui bientôt informe cette personne; alors le trompé prenant conscience de la tromperie entre en colère et, finalement, comment se vengera-t-il ?

Je suis né dans une famille qui était assez riche mais qui, surtout, soit dit en termes vulgaires, « avait le bras long », ce qui me valait, à l'école, d'être respecté. Dès l'enfance j'ai été maladif. Je restais au lit une semaine, deux semaines, et même près d'une année scolaire. Alors je n'allais pas à l'école. Quand j'étais convalescent, j'allais à l'école en jinrikisha [1]. A l'examen de fin d'année, j'étais inscrit avant n'importe quel autre élève de la classe comme « ayant satisfait aux études ». Mais, même quand ma santé était bonne, je n'étudiais pas du tout. A l'école, pendant les heures de classe, je faisais des caricatures que j'expliquais à mes camarades au moment de la récréation, et je les faisais rire. Comme compositions, je n'écrivais que des contes burlesques. Le maître me faisait des observations, mais je n'en tenais pas compte. En effet, je savais qu'il s'en amusait sans le dire. Un jour, je lui remis une histoire de méprise que j'avais écrite sur un mode apitoyé. Je me trouvais dans un train allant à Tôkyô, ma mère m'ayant emmené comme d'habitude. Pris d'une envie de faire pipi, je m'étais soulagé dans le crachoir du couloir. Pourtant, quand j'étais allé à Tôkyô, je n'avais pas été sans remarquer l'usage auquel les crachoirs sont destinés, mais j'avais agi en feignant une innocence d'enfant. J'étais bien sûr que le maître rirait. Lorsqu'il se retira dans la salle des professeurs, je le suivis doucement. Dès qu'il eut quitté la salle de classe, il tira du paquet des compositions celle que je lui avais remise et il se mit à la

1. Voiture haute et légère traînée par un coureur.

lire en se promenant dans le couloir. La classe riait. Bientôt, il rentra dans la salle des professeurs. Avait-il fini sa lecture ? Le visage tout rouge, il riait aux éclats et à l'instant il fit lire ma copie aux autres professeurs. J'étais très content.

J'eus du succès comme espiègle. Après avoir été l'objet de respect, je réussis à me débarrasser de ce respect. Sur le carnet de correspondance avec les parents il y avait un maximum de dix points pour toutes les matières. Pour la conduite seule j'obtenais tantôt six, tantôt sept points, ce qui faisait rire toute la maison.

Cependant, ma nature foncière était généralement aux antipodes de ce rôle de petit espiègle. A cette époque les domestiques m'enseignèrent des choses lamentables; ils abusèrent de ma candeur. Je pense aujourd'hui qu'il s'agit là des crimes les plus laids, les plus vils, les plus odieux que puissent commettre les hommes. Cependant je les supportai. Si j'avais eu l'habitude de dire la vérité sans crainte, j'aurais peut-être pu les dénoncer à mon père ou à ma mère, mais je n'aurais pu leur dire que je comprenais tout. Je ne pouvais espérer que j'arriverais à un résultat en me plaignant. Me plaindre à mon père, à ma mère, à quelqu'un de mon entourage, au gouvernement, n'aurait servi à rien. Je ne sais si, finalement, une simple admonestation d'une personne forte de son expérience des choses de ce monde n'aurait pas été plus efficace.

Je sais bien que, dans une certaine mesure, j'avais tort, mais, en fin de compte, il était inutile de me plaindre. Je cachai la vérité, je supportai mon sort et puis il me semble que je n'avais rien d'autre à faire que de continuer à jouer les bouffons.

« Comment ? Tu avoues ta méfiance à l'égard d'autrui ? Oui ? Depuis quand es-tu devenu chrétien ? » me dira peut-être un railleur. Mais je crois que la méfiance n'appartient certainement pas au premier chef au domaine religieux. N'est-il pas vrai que les hommes (y compris les railleurs) ne pensent ni à Jéhovah ni à quelqu'un d'autre quand ils se méfient les uns des autres ? Ceci me rappelle une chose qui arriva dans ma jeunesse. Un célèbre membre du parti auquel appartenait mon père vint faire un discours dans notre ville. Je fus emmené par les serviteurs de la maison au théâtre pour l'entendre. La salle était comble. On y voyait les visages des amis que mon père comptait dans la ville. On applaudit beaucoup.

Le discours terminé, les auditeurs, par groupes de trois ou de cinq, reprirent dans une nuit de neige le chemin de la maison. En termes abominables ils firent des plaisanteries à propos de la réunion. Parmi eux on entendait la voix d'un homme très lié avec mon père. Les paroles que ce dernier avait prononcées pour ouvrir la séance avaient été maladroites. Le discours de l'homme célèbre : un fatras dont on ne voyait pas le sens. Voilà ce que disaient, d'un ton voisin de la colère, ceux que mon père appelait « des hommes de notre opinion ». Lorsque nous fûmes arrivés à la maison, ces messieurs entrèrent au salon et dirent à mon père que la réunion de ce soir avait été un grand succès; ils le félicitèrent d'un air heureux. Il n'est pas jusqu'aux serviteurs qui, interrogés par ma mère sur la réunion, déclarèrent immédiatement qu'elle avait été très intéressante. Sur le chemin du retour, ils avaient été d'accord pour trouver que rien n'était aussi ennuyeux qu'une réunion où l'on fait des discours.

Ce n'est pourtant là qu'une modeste illustration Je pense que la vie est remplie d'exemples d'hypocrisie pure et simple, patente à tous les yeux, de tromperies mutuelles qui ne font de mal à personne et auxquelles on ne fait pas attention. Pour moi, ces tromperies réciproques n'avaient pas d'importance. Du matin au soir, je trompais tout le monde au cours de mes facéties. Je ne me préoccupais guère de morale, de ce qu'on appelle dans les livres d'éducation la droiture ou ce que vous voudrez d'analogue. Pour moi, ceux qui, tout en se trompant mutuellement, mènent une vie pure et claire ou qui font semblant d'avoir assez de confiance en eux-mêmes pour pouvoir vivre sont des énigmes. Les hommes ne m'ont pas instruit sur ce mystère. Si seulement j'avais compris cela, je n'aurais pas craint mes semblables à un tel point et je n'aurais pas eu à me livrer désespérément à mes bouffonneries. Cela aurait fini sans que, dressé contre la vie, je fusse livré à des souffrances infernales pendant des nuits entières. Bref, si je n'ai dénoncé à personne les crimes haïssables de nos domestiques masculins et féminins, ce n'est pas à cause de ma méfiance à l'égard d'autrui, c'est encore moins en raison d'idées chrétiennes, mais parce que le monde avait refermé étroitement sur moi la coquille de la confiance. C'est parce que mon père et ma mère eux-mêmes s'étaient parfois montrés incompréhensibles pour moi. Et puis, comme je n'avais jamais dénoncé personne, c'est dans la solitude, et grâce à ma féminité, que je devinai beaucoup de choses et c'est pourquoi on abusa de moi de toutes manières dans les années qui suivirent. En raison de cette nature féminine je restai un homme ignorant des secrets de l'amour.

DEUXIÈME CARNET

Près du rivage une vingtaine, au moins, de cerisiers de montagne d'une belle taille alignaient leurs troncs noirs. Lorsque la nouvelle année scolaire commença, leurs jeunes feuilles rousses et poisseuses formèrent un fond de décor à la mer verte, ensuite les fleurs s'ouvrirent dans toute leur splendeur et, quand vinrent leur épanouissement puis leur chute pareille à celle de la neige, leurs pétales s'éparpillèrent sur la mer, semblables à des incrustations flottantes que les vagues reportaient au rivage. Cette plage de sable aux cerisiers servait, telle quelle, de parc au collège du nord-est dans lequel, bien que je n'eusse pas satisfait à l'examen, j'étais entré tranquillement grâce à je ne sais quelle complaisance. Sur l'insigne de la casquette réglementaire du collège, de même que sur les boutons de l'uniforme, était représentée une fleur de cerisier.

Notre maison, ainsi que celle d'un parent lointain, se trouvaient tout près du collège et c'est pour cette raison aussi, non moins que pour le voisinage de la mer et des cerisiers, que mon père avait choisi ce collège pour moi. Confié à cet établissement et me trouvant tout à côté du collège, quand j'entendais la cloche sonner le rassemblement pour le salut du matin [1], je courais au collège. J'étais un élève passablement paresseux; malgré cela j'acquis de jour en jour, grâce à mes bouffonneries, la popularité dans ma classe.

Pour la première fois de ma vie, bien que j'eusse eu souvent l'occasion de me trouver ailleurs que chez moi, je trouvai un endroit où la vie était plus agréable qu'à la maison.

Je crois bon d'expliquer qu'à cette époque mon déguisement de bouffon s'ajustait de mieux en mieux sur moi, de sorte qu'il m'était devenu inutile de me donner beaucoup de peine pour me jouer des gens. Mais n'était-ce pas surtout parce qu'entre une représentation au milieu des siens ou chez les autres, dans son pays ou en terre étrangère, il existe une différence de difficulté

1. Courte cérémonie par laquelle commence la journée dans une école.

qui est insurmontable, même pour un homme doué de génie, même pour Jésus, fils de Dieu ?

Pour un acteur, il ne peut y avoir de scène plus horrible que sa propre maison, mais quand, en outre, six parents proches sont assis sur un rang dans une pièce, n'importe quelle vedette est perdue. Cependant, j'ai joué dans ces conditions et, bien plus, j'ai recueilli un assez beau succès. Pour un comédien tel que moi, qui m'en allais jouer hors de chez moi, il n'y avait pas une chance sur dix mille pour que mon jeu subît un échec. La crainte des autres qui me dominait jusque-là n'avait pas diminué et me causait des spasmes dans la poitrine. Cependant, pour jouer mon jeu, je reprenais mon calme. Dans la salle de classe je faisais toujours rire les camarades; le professeur, quand les élèves n'étaient pas dans la cour, tout en soupirant et murmurant : « Une très bonne classe ! » se cachait la bouche avec sa main pour rire. Quand j'avais déchaîné un tonnerre de cris sauvages, l'officier affecté à l'école lui-même [1] laissait libre cours à son hilarité.

Juste au moment où je commençais à croire que je réussirais à cacher ma véri-

1. Officier qui dirigeait l'instruction physique et militaire.

table nature, je fus démasqué alors que je ne m'y attendais pas. Celui qui me démasqua ne se distinguait pas des autres; dans la classe il était le moins vigoureux; son visage était bouffi et verdâtre; il portait un vêtement trop long, assez vieux pour avoir appartenu à son père ou à son frère aîné, avec des manches à la mode de Shôtoku taishi [1]. Il ne savait rien des matières du programme, il avait l'air d'un élève arriéré qui n'assiste qu'en spectateur aux exercices, à la gymnastique. Il n'était pas étonnant que je ne fusse pas sur mes gardes vis-à-vis d'un tel élève.

Ce jour-là, pendant la séance de gymnastique, cet élève (je n'ai pas noté son nom, mais je me rappelle que son prénom était Takeichi) regardait, à son habitude, les autres s'exercer. Nous étions à la barre fixe. D'un air solennel, je fixai la barre des yeux, je poussai un cri : « Eh ! hop ! » et sautant tout simplement en longueur, plouf ! je tombai le derrière dans le sable. J'avais tout prémédité. Tout le monde rit aux éclats. Je me relevai, je brossai de la main le sable de mon pantalon. Takeichi me lança par derrière, d'une grosse voix :

1. Shôtoku taishi (572-621), Régent de l'Empire, homme d'Etat. Une image bien connue le montre encadré de ses deux fils; tous trois portent des manches extrêmement longues.

— C'est de la frime ! Il l'a fait exprès !

Je tremblai. Je ne m'attendais pas à être découvert par Takeichi en faisant exprès de manquer mon exercice, à la vue de tous. Il me sembla que sous mes yeux le monde avait été enveloppé en un instant par les flammes de l'enfer et brûlait. Je réprimai avec l'énergie du désespoir un cri de fou.

Ensuite, jour après jour, je fus en proie à l'inquiétude, à la crainte. En apparence, je continuais de jouer un pauvre bouffon et je faisais rire tout le monde, mais, sans le vouloir, je poussais des soupirs pénibles. Il n'était pas douteux que Takeichi découvrirait mes ficelles et raconterait tout à tout venant. En faisant ces réflexions, une sueur froide me couvrait le visage; j'avais un air égaré; je promenais mes regards çà et là sans voir.

Si cela avait été possible, j'aurais voulu surveiller Takeichi, le matin, à midi, le soir, quatre ou six heures durant, en restant à ses côtés, sans le quitter d'une semelle, de manière qu'il ne laissât pas échapper le secret. Pendant que je m'attachais ainsi à ses pas, je faisais tous mes efforts pour le persuader que ma bouffonnerie n'était pas feinte, qu'elle était spontanée, naturelle, et, si possible, pour devenir son ami intime. Mais, comme une telle chose était impossible, je pensais constamment qu'il n'y avait pas d'autre solution que de souhaiter sa mort. Cependant, ainsi qu'on peut le penser, l'idée de le tuer ne me vint jamais à l'esprit. Jusque-là dans ma vie, le désir d'être tué m'était venu plus d'une fois, mais l'idée de tuer quelqu'un ne m'avait pas effleuré; lorsque je me trouvais devant un adversaire terrible je ne pensais, au contraire, qu'à le rendre heureux.

Pour apprivoiser Takeichi, je l'abordais d'un visage faussement chrétien, empreint d'un sourire suave; tournant un peu la tête j'entourais légèrement ses petites épaules et d'une voix mielleuse, caressante, je l'incitai plusieurs fois à venir à la maison; mais lui, les yeux absents, se taisait toujours. Cependant, un jour, à la fin de la leçon (c'était sûrement au début de l'été), une violente averse tomba. Les élèves étaient ennuyés de ne pouvoir rentrer chez eux, mais, comme ma maison se trouvait toute proche, j'allais bondir dehors avec insouciance quand, à côté de la boîte aux socques, j'aperçus Tacheiki, solitaire. « Allons ! je te prêterai un parapluie », lui dis-je, et je pris la main d'un Takeichi timide, je l'attirai et tous deux nous partîmes en courant sous l'averse. Non seulement nous nous fîmes sécher nos vêtements de dessus par ma propriétaire, mais je réussis à entraîner Takeichi dans ma chambre, au premier étage.

Dans cette maison vivaient une dame qui avait plus de cinquante ans, une fille aînée d'environ trente ans, sans mari, avec des lunettes, une grande taille, l'air maladif (on disait qu'elle avait été mariée, puis qu'elle était revenue chez elle) ; comme tout le monde dans la maison je l'appelais « Sœur aînée » ; puis il y avait Se-tchan, une jeune fille qui venait de sortir de l'école des filles voisine et qui ne ressemblait pas à celle qu'on appelait Sœur aînée, car elle était petite, avec un visage rond. La famille ne se composait que de ces trois personnes. Dans le magasin du rez-de-chaussée on trouvait un petit assortiment de fournitures de bureau et d'articles de sport. Le gros de leurs revenus semblait provenir de la location de cinq ou six maisons attenantes que le père avait construites et leur avait laissées.

— Les oreilles me font mal, dit Takeichi resté debout.

— C'est parce qu'elles ont été mouillées par la pluie qu'elles te font mal.

Je regardai ses oreilles : de chaque côté une affreuse otite suppurée. Le pus se mit à sortir des pavillons.

— Cela, c'est mauvais ! Cela doit te faire mal !

Je m'excusai, en employant le langage des femmes :

— Je te demande pardon de t'avoir entraîné par une telle pluie.

Là-dessus, je descendis au rez-de-chaussée où je me fis donner de l'ouate et de l'alcool. Je dis à Takeichi de s'allonger par terre, lui mis la tête sur mes genoux comme oreiller et, avec soin, je lui pansai les oreilles. Takeichi ne parut pas se méfier d'un calcul hypocrite que j'aurais pu faire et il me dit, la tête toujours sur mes genoux :

— Toi, tu seras sûrement aimé par toutes les femmes...

C'était un compliment innocent. Cependant, sans que Takeichi s'en doutât, ce fut une prédiction terriblement diabolique, ainsi que je le compris plus tard. On dit souvent : « Je suis fou d'une telle » ou : « Elle est folle de moi. » Ce sont des expressions très vulgaires d'êtres frivoles, fats. Quelque sérieux que soit le moment où ils sont prononcés, une fois qu'ils s'échappent d'une bouche, en un instant le temple de la mélancolie romantique s'écroule, tout devient plat et bête. Si au lieu de dire avec vulgarité : « Comme c'est pénible d'être aimé », on parle comme en littérature du

« trouble dans lequel vous jette l'amour », le temple de la mélancolie ne s'effondre pas et c'est merveilleux.

Lorsque, pour me récompenser d'avoir soigné ses oreilles, Takeichi me fit ce compliment bête : « Tu seras aimé », je rougis, je souris mais ne répondis rien ; je n'avais aucune raison de sourire, pourtant il s'éveilla en moi des souvenirs imprécis. Ecrire que l'atmosphère douteuse créée par ces mots vulgaires : « Je suis aimé » me rappelaient des souvenirs, serait faire parade de pensées qui ne vaudraient pas mieux que les tirades du jeune maître des « Contes drôles [1] ». Il aurait été invraisemblable que j'eusse des souvenirs badins ou vils.

Le caractère masculin m'était beaucoup plus difficile à comprendre que le caractère féminin. Dans la parenté qui vivait à la maison, les femmes étaient beaucoup plus nombreuses que les hommes; en outre, dans la famille, se trouvaient de nombreuses filles, et puis il y avait les servantes (de vraies criminelles !), de sorte que depuis mon enfance il n'est pas exagéré de dire que j'ai été élevé en jouant avec des filles. Mais cela m'a laissé le souvenir de marcher

1. Il s'agit d'histoires racontées par les conteurs publics qui mettent en scène des types stéréotypés parmi lesquels se trouve le Jeune Maître, généralement ridiculisé.

sur une mince couche de glace; je ne vécus que dans la compagnie des femmes et des filles. Je perdis ainsi de vue le but de l'existence. J'étais comme celui qui, ayant parcouru cinq lieues dans le brouillard, marche par hasard sur la queue d'un tigre dont il reçoit un terrible coup de patte; ceci ne ressemble pas à un coup de fouet infligé par un homme; c'est une blessure dont la douleur, comparable à celle d'une hémorragie interne, est extrêmement pénible, ne connaît pas de rémission.

Les femmes vous attirent, puis vous repoussent brusquement; quand vous vous trouvez dans un groupe, elles vous traitent avec dédain, elles se montrent cruelles; si personne n'est là, elles vous pressent dans leurs bras avec frénésie. Elles dorment profondément comme si elles étaient mortes; je ne sais si elles ne vivent pas pour dormir. Mes observations de toutes sortes sur les femmes, je les avais déjà faites dès mon enfance. Je sentais que les hommes, tout en appartenant à la même race, sont des êtres totalement différents. En outre, ces personnes distraites, incompréhensibles, faisaient attention à moi d'une manière étrange. Ces expressions : « Etre aimé », « être adoré », étaient dans mon cas absolument impropres; « un être dont on s'occupe » eût été beaucoup plus approprié à moi.

Les femmes se montraient beaucoup plus libres que les hommes à l'égard d'un bouffon. Quand je me livrais à des facéties, on pense bien que les hommes ne riaient pas indéfiniment d'un gros rire; je prenais le ton; je savais qu'en prolongeant la bouffonnerie je courrais à l'échec; je me préoccupais de cesser au moment judicieux. Les femmes ne connaissaient aucune modération; elles me demandaient indéfiniment de répéter mes bouffonneries; je répondais à leurs demandes jusqu'à l'épuisement. En vérité, elles riaient beaucoup. Généralement, les femmes sont plus capables que les hommes d'absorber une surabondance de plaisirs.

Au temps de mes études au collège, les deux sœurs qui s'occupaient de moi montaient dans ma chambre dès qu'elles avaient un instant de liberté. Chaque fois, je sursautais; alors, avec humilité, elles disaient craintivement :

— Vous travaillez !

— Non !

Et, en souriant, je fermais mon livre.

— Aujourd'hui, vous savez, le professeur de géographie qu'on appelle « La Baguette »...

Puis je leur racontais avec aisance une histoire drôle que j'inventais.

— Yô-tchan, mettez voir vos lunettes !

C'était un soir où les deux sœurs, Setchan, la cadette, et Sœur aînée, étaient venues dans ma chambre pour se distraire et m'avaient fait faire les bouffonneries les plus extraordinaires. Je leur répondis :

— Pourquoi ?

— Parce que c'est drôle. Mettez-les un peu. Prenez celles de Sœur aînée.

Elle me parlait toujours sur un ton de commandement assez bref.

Le maître bouffon obéit et mit les lunettes de Sœur aînée. Immédiatement les deux sœurs furent prises d'un fou rire.

— C'est tout à fait Lloyd. Tout à fait !

A cette époque, un acteur comique de cinéma appelé Harold Lloyd était très populaire au Japon.

Je me levai, étendis le bras et m'écriai en imitant une phrase de bienvenue :

— Mesdames et Messieurs ! Aujourd'hui les fanatiques du sport, au Japon...

Ce qui les fit rire de plus belle.

Ensuite, chaque fois qu'un film de Lloyd était donné au théâtre de notre ville, j'allais le voir et, sans le dire, j'étudiais sa mimique.

Un soir d'automne, alors que je lisais dans mon lit, Sœur aînée entra dans ma chambre, légère comme un oiseau, et s'abattit brusquement sur mon couvre-pieds en pleurant.

— Yô-tchan, venez à mon secours. Voilà ce que c'est. Il vaudrait mieux que nous quittions ensemble cette maison. Aidez-moi. Aidez-moi.

Elle laissa échapper un flot de paroles véhémentes, puis se remit à pleurer. Toutefois, une telle attitude de femme ne m'était pas inconnue; cette scène ne m'était pas jouée pour la première fois. Je ne fus nullement effrayé par la violence des paroles de Sœur aînée. Comme si je m'éveillais brusquement de ce fatras maintes fois rabâché et vide de bon sens, je sortis du lit, je pelai un kaki qui se trouvait sur la table et j'en tendis une tranche à Sœur aînée. Après un dernier sanglot, Sœur aînée mangea le kaki, puis elle me dit :

— Vous n'avez pas un livre amusant à me prêter ?

Je lui choisis sur une étagère le livre de Sôseki [1] : *Je suis un chat.*

— Merci pour le goûter.

Sœur aînée quitta la chambre avec un sourire un peu gêné.

1. Sôseki, Natsume, 1867-1916, littérateur célèbre dont plusieurs romans ont été traduits en français : *La porte, Le pauvre cœur des hommes.*

Ce que je vais dire ne s'applique pas seulement à Sœur aînée. Quand je réfléchissais à l'état d'esprit dans lequel vivent en général les femmes, j'avais l'impression qu'il était plus facile pour moi de sonder la pensée d'un ver de terre, qu'elles étaient des êtres compliqués, nerveux. Par expérience, je savais depuis mon enfance que, dans le cas où une femme se met brusquement à pleurer de cette manière, il suffit de lui offrir quelque friandise et, dès qu'elle l'a mangée, tout va mieux.

Se-tchan, la cadette, amenait même des amies dans ma chambre. Je les faisais rire, suivant mon habitude. Dès qu'elles étaient parties, Se-tchan me parlait d'elles en les critiquant d'un ton décidé. Celle-là était une fille méchante, il fallait se méfier d'elle. « Alors, dis-je un jour, il valait mieux ne pas l'inviter. C'est vous qui faites que presque tous les visiteurs qui viennent dans ma chambre sont des femmes ! » Et c'est ainsi que cela finit.

Cependant, le compliment que m'avait fait Takeichi : « Tu seras aimé », ne s'était jusque-là jamais réalisé. En bref, je n'étais rien de plus qu'un Harold Lloyd du nord-est du Japon. Le compliment innocent de Takeichi, en tant que prophétie déplaisante, était prématuré; ce n'est que plusieurs années plus tard qu'il prit une forme tragique.

Encore une chose à propos de Takeichi. Il était venu me voir un jour dans ma chambre du premier étage. Il avait apporté un présent important, un frontispice en couleurs qu'avec satisfaction il me montra en me l'expliquant.

— C'est un fantôme, tu sais !

Oh ? pensé-je. A cet instant je vis, tracé devant mes yeux, le chemin du gouffre dans lequel je devais tomber. Des années plus tard, je ne saurais me rappeler autrement cette vision.

Je savais. Je savais que ce n'était autre chose que le portrait de Van Gogh par lui-même. Au temps de notre jeunesse, les peintures des impressionnistes français étaient en grande vogue au Japon. C'est à peu près à cette époque que l'on commença à apprécier la peinture européenne. Les élèves des collèges de province eux-mêmes avaient vu et reconnaissaient les reproductions photographiques des peintures de Van Gogh, Gauguin, Cézanne, Renoir et autres. Des jeunes gens comme moi, qui avaient vu quantité de planches en couleurs des peintures de Van Gogh, se rappelaient que l'intérêt présentent sa touche admirable, son coloris, mais jamais ils n'auraient pensé que c'étaient des peintures de fantômes.

— Malgré tout, je ne sais ce que c'est que cela... Ce pourrait être une tête de spectre !

Je sortis de mon étagère à livres une collection de peintures de Modigliani. Je montrai à Takeichi une image qui représentait une femme complètement nue dont la peau semblait être de cuivre rouge en fusion.

— Ah ! mince !

Takeichi ouvrait de grands yeux ronds, et d'un ton admiratif il ajouta :

— Cela ressemble à un cheval de l'enfer !

— Quand même, c'est un spectre !

— Je voudrais peindre des spectres comme celui-là, tu sais.

Ceux qui ont très peur de leurs semblables arrivent à un état d'esprit qui leur fait désirer le spectacle de spectres toujours plus terribles, de même que les gens nerveux et timorés souhaitent ardemment qu'une tempête qui vient d'éclater devienne plus forte. Un groupe de tels peintres, affligés de cette peur, effrayés par ces spectres que sont les hommes, ont fini par croire aux spectres; ils ont vu clairement ces fantômes en plein midi. De plus, au lieu de leur donner une apparence bouffonne qui n'aurait trompé personne, ils se sont efforcés de les représenter tels qu'ils croyaient les avoir vus. Ils ont peint hardiment des « spectres », ainsi que les appelait Takeichi. Je m'excitais jusqu'aux larmes à la pensée que je trouverais en eux mes collègues de l'avenir et je dis à Takeichi, en baissant la voix je ne sais pourquoi : « Moi aussi, je peindrai ! Je peindrai des monstres ! Je peindrai des chevaux de l'enfer ! »

Depuis l'école primaire j'aimais faire et regarder des dessins. Cependant, la manière dont je traitais les miens n'était pas appréciée par mon entourage. Par principe, je ne prêtais aucune attention à ce que l'on me disait et la manière de composer un dessin était pour moi une sorte de salut du bouffon qui faisait pouffer de rire mes maîtres de l'école primaire et du collège.

Cependant, pour moi, elle n'avait rien de drôle; le dessin seul (je mets à part les caricatures), tout en gardant une manière juvénile dans la représentation du sujet, ne sentait aucun effort. Les dessins donnés comme modèles à l'école n'avaient aucun intérêt; ceux des maîtres étaient d'une maladresse insigne. Il me fallait œuvrer sans aucune préparation et essayer toutes sortes de modes d'expression. Lorsque j'entrai au collège, j'apportai tout un matériel pour la peinture à l'huile; toutefois, malgré les conseils des traités et mes efforts pour imiter le style des impressionnistes, mes peintures ne ressemblaient guère qu'à des projets pour papiers peints et paraissaient ne devoir conduire à rien. Cependant, en raison des paroles de Takeichi, je me dis que je m'étais entièrement trompé au sujet des peintures que j'avais exécutées jusque-là.

S'efforcer de rendre la beauté de quelque chose que l'on juge beau, sans plus, c'est fade, c'est sot. Les « Maîtres » créent, par leur autorité suprême, une belle chose avec un rien, ou bien, tout en étant écœurés par une chose laide, ils ne cachent pas qu'ils la trouvent intéressante et se plaisent à la représenter. Bref, c'est grâce à Takeichi que me fut donné le secret original de la manière de peindre, qui ne tient pas compte de l'opinion. En me cachant des visiteuses, je me mis peu à peu à exécuter mes propres portraits. Je peignais des tableaux d'une cruauté cachée qui m'étonnèrent moi-même. Pourtant, comme je voulais dissimuler au fond de moi ma vraie nature, devant le monde je riais et je faisais rire, mais en vérité mon cœur était triste et à cela il n'y avait rien à faire, me disais-je intérieurement. Il n'est donc pas étonnant qu'en dehors de Takeichi je n'aie montré mes peintures à personne. J'avais peur qu'en mettant à nu la tristesse qui était au fond du bouffon, on fût trop vite averti de ce qu'il y avait de méprisable en lui. En outre, j'étais inquiet à la pensée que, sans faire attention à ma vraie nature, on supposât que c'était encore une nouvelle manière du bouffon et que cela provoquât un grand rire. Cela m'eût été plus pénible que toute autre chose, aussi j'enfermai immédiatement mes peintures au fond d'un placard.

A l'école, à l'heure du dessin, je dissimulais la « technique des spectres » et je dessinais comme par le passé de belles choses à la manière banale employée pour « faire beau ».

Ce n'est qu'à Takeichi que depuis longtemps il m'était indifférent de montrer l'hypersensibilité de mes nerfs. Je lui montrai même en toute tranquillité le portrait que j'avais fait de moi. Il le loua très fort. Je dessinai deux, trois spectres de suite et il me fit cette nouvelle prophétie :

— Tu seras un grand peintre !

C'est marqué par ces deux prédictions, faites par cet idiot de Takeichi, celle d'être aimé et celle de devenir un grand peintre, que, peu de temps après, je vins à Tôkyô.

Je désirais entrer à l'Ecole des Beaux-Arts, mais mon père voulait depuis longtemps me voir entrer au lycée supérieur pour faire de moi un fonctionnaire. Il m'en avait donné l'ordre. Ma nature m'interdisait toute réponse, je me laissai faire.

On me dit : Tu vas essayer le passage consécutif à la quatrième année. Alors, moi, à qui manquait la bonne ambiance des cerisiers et de la mer, j'échouai à l'examen de passage en cinquième année et c'est seulement avec le certificat de fin d'études de quatrième année que j'entrai au lycée supérieur, à Tôkyô. Tout de suite plongé dans la vie de l'internat, je fus rebuté par son côté impur et grossier. Là, il n'y avait plus place pour le bouffon. Le médecin me fit un certificat de pleurésie et je quittai l'internat pour la villa de mon père à Sakuragichô, dans Ueno. Pour moi la vie en groupe était absolument impossible. Ajoutez à cela qu'à entendre les vives réactions de l'adolescence, les vantardises des jeunes, un froid s'emparait de moi et la tristesse me glaçait l'esprit. Quoi que je fisse, il m'était impossible de suivre le train des autres. Les déviations sexuelles de la salle d'études et du dortoir, je les regardais comme un tas d'ordures. Le bouffon voisin de la perfection que j'étais n'avait pas là sa place.

En dehors des sessions de la Diète, mon père n'habitait la villa qu'une semaine ou deux par mois; en son absence, il ne se trouvait dans cette maison assez vaste qu'un vieux ménage de gardiens et moi. Désertant le lycée de temps à autre, il ne me venait pas à l'idée de visiter Tôkyô. Finalement, je n'allai jamais voir le Meiji Jingû, ni la statue de bronze de Kusunoki Masashige, ni les tombes des quarante-sept samurai du temple Sengakuji[1]. Je passais la journée à la maison, lisant ou dessinant. Quand mon père revenait à Tôkyô, je faisais mine de partir en hâte tous les matins vers le lycée, mais en réalité j'allais à Hongô dans le quartier de Sendagichô au Centre des peintures étrangères, ou bien à l'atelier de Yasuda Shintarô, et là je m'exerçais à dessiner trois ou quatre heures durant.

En fuyant l'internat du lycée supérieur, j'échappais aussi à son enseignement. Alors j'avais l'air de me trouver dans la situation d'un auditeur libre; peut-être était-ce de ma part un parti pris, en tout cas je me sentais tellement étranger au lycée qu'il me de-

1. Le Meiji Jingû est un grand temple élevé à la mémoire de l'empereur Meiji.

Kusunoki Masashige (première moitié du XIVe siècle) reste célèbre par sa loyauté à l'égard du souverain.

L'histoire des quarante-sept samurai qui vengèrent leur maître condamné à se suicider pour avoir tiré le sabre dans l'enceinte du Palais shôgunal et dont quarante-six durent se suicider à leur tour, a été contée dans toutes les langues.

vint pénible d'y aller. Je suis passé par l'école primaire, le collège, le lycée, mais finalement je n'ai jamais pu comprendre que l'on eût l'amour de l'école. De même, pas une seule fois je n'ai fait d'effort pour m'unir à un chant d'école.

Bientôt, dans les ateliers, je fus initié par les élèves des Beaux-Arts au saké, au tabac, aux prostituées, aux monts-de-piété, aux idées de gauche. Tout cela formait un mélange bizarre, mais réel.

Cet élève des Beaux-Arts s'appelait Horiki Masao. Il était né dans les bas quartiers de Tôkyô. Il avait six ans de plus que moi. Il avait terminé ses cours dans notre école, mais, comme il n'avait pas d'atelier chez lui, il fréquentait toujours cette école et il continuait d'y travailler la peinture européenne.

— Veux-tu me prêter cinq yens ?

Jusque-là nous ne nous connaissions que de vue et nous n'avions pas échangé un mot. En bredouillant, je lui remis cinq yens.

— Ça va. On va boire. Je t'offre quelque chose. Quel beau gosse tu fais !

Je ne refusai pas. Il m'entraîna dans un café de Hôraichô voisin du cours. Ce fut le début de mes relations avec lui et ses camarades d'atelier.

— Il y a longtemps que je t'ai remarqué. Ce faible sourire timide, c'est l'expression particulière d'un artiste qui a de l'avenir. En l'honneur de ce jour où je fais ta connaissance, je bois à ta santé ! Kinu san ! C'est un beau gosse, hein ? Depuis que ce type-là est venu à l'atelier, je n'ai plus que le numéro deux parmi les beaux gosses !

Horiki avait un visage régulier, le teint assez brun; à l'opposé de la plupart des élèves des Beaux-Arts, il portait un complet-veston très correct; sa cravate était sobre et de bon goût; ses cheveux gominés étaient divisés par une raie de milieu très nette.

Me trouvant dans un lieu qui ne m'était pas familier, qui m'effrayait déjà, je me tenais les bras croisés et me contentais de sourire timidement. Après avoir bu deux, trois verres de bière, une étrange sensation de libération et de légèreté s'empara de moi.

— J'avais l'intention d'entrer à l'Ecole des Beaux-Arts, mais...

— Ne fais pas cela, elle n'en vaut pas la peine. Un endroit comme celui-là n'est pas intéressant. L'école, pas intéressant. Nos maîtres, nous les avons, tout naturellement, en nous-mêmes. La nature contre la boursouflure !

Cependant, je ne me sentais pas la moindre considération pour ce qu'il disait. Je pensais : il est idiot, ses dessins sont incontestablement mauvais, mais il est peut-être un bon compagnon de plaisirs; finalement, c'est à cette époque que je vis pour la première fois de ma vie les véritables vauriens de la ville. Nous n'appartenions pas au même milieu, mais par un point nous étions bien du même bois : tous deux nous aimions l'aventure pour fuir délibérément les occupations dont est faite la vie des hommes. En outre, il agissait avec moi sans avoir la moindre idée du bouffon que j'étais et il ignorait entièrement ma misère. Ainsi se faisait-il de moi une image complètement fausse.

Je pensais : « Ce n'est que pour m'amuser, je ne le prends que comme partenaire de plaisirs. » D'ordinaire, je le méprisais; quelquefois je me sentais honteux de me promener dans sa compagnie. Pourtant, c'est par cet homme que ma vie fut brisée.

Au début, j'avais eu l'impression qu'il avait une bonne nature, une nature telle qu'on en voit rarement. Grâce à lui, je ne tins plus compte de mes craintes vis-à-vis de mes semblables et j'en arrivai à trouver que je ferais un très bon guide dans Tôkyô. En effet, auparavant, lorsque j'étais seul, le receveur du tramway dans lequel je venais de monter me faisait peur; quand je voulais entrer au Kabukiza [1], les ouvreuses ali-

1. Très grand théâtre de Tôkyô.

gnées des deux côtés des marches sur le tapis rouge de l'entrée principale me faisaient peur; quand j'allais au restaurant, le garçon qui se tenait immobile derrière moi, une assiette propre en mains, me faisait peur, et quand venait le moment de régler l'addition, alors mes mains devenaient maladroites; lorsque j'achetais quelque chose et que je tendais mon argent, j'éprouvais un vertige, non par avarice, mais par suite de la tension de mes nerfs, de ma timidité, de mon trouble, de mes craintes; la tête me tournait, le monde s'assombrissait, je finissais par me sentir à moitié fou. Me trouvais-je dans un endroit où l'on marchandait, non seulement j'oubliais la monnaie que l'on me rendait, mais j'oubliais aussi d'emporter mes achats; cela m'arrivait souvent de sorte que je ne pouvais m'en aller seul dans Tôkyô. A cela je ne pouvais rien. Je flânais toute la journée à la maison. Tel était mon état.

Lorsque je me promenais avec Horiki, je lui passais mon porte-monnaie. Horiki marchandait beaucoup. En outre, en noceur expérimenté, il s'appliquait à tirer le maximum de peu d'argent. Se tenant à distance respectueuse des taxis coûteux, il savait choisir les tramways, les autobus, les bateaux omnibus, et il déployait un véritable talent pour arriver au point voulu dans le temps le plus court. Quand il revenait, le matin, du logis d'une prostituée, il entrait dans telle ou telle maison de thé pour prendre un bain matinal [1] d'homme aisé; il mangeait de la pâte de haricots bouillie et buvait un peu de saké. Il avait l'impression d'avoir, à bon compte, mené une vie de luxe et il me donnait ainsi une instruction pratique. En même temps, il m'expliquait que le bœuf au riz et le poulet rôti des marchands ambulants, tout en étant bon marché, étaient très nourrissants; il me garantissait que pour s'enivrer rapidement rien ne valait un alcool tord-boyaux. En tout cas, je n'ai pas le souvenir d'avoir jamais été inquiet pour le règlement des additions.

Ce qui me conduisait à fréquenter Horiki, c'est que ce dernier avait l'habitude d'ignorer complètement les vues de son auditeur. Il se lançait avec passion (peut-être cette passion tenait-elle précisément à sa volonté arrêtée de ne pas tenir compte des idées de son partenaire) dans des bavardages sans intérêt, qui duraient cinq ou six heures sans que l'on eût à craindre le silence fâcheux qu'aurait pu occasionner la fatigue

1. Tous les Japonais prennent leur bain le soir. Seuls, un voyageur qui arrive à l'hôtel un matin, ou un homme qui a passé la nuit hors de chez lui, se baignent le matin.

des deux promeneurs. Je m'attachais à ses pas; je veillais à ce que le silence redouté ne s'établît point; toujours lent à parler, je me disais qu'ainsi je n'aurais plus à jouer mon rôle de bouffon désespéré; or cet idiot de Horiki m'encourageait sans s'en douter à jouer ce rôle; sans lancer de remarque pertinente, je me contentais de laisser couler le flot de ses propos et de dire à l'occasion : « Peu probable » ou quelque chose d'analogue. Je souriais. C'était suffisant.

L'alcool, le tabac, les femmes, c'étaient de bons moyens pour faire diversion à la crainte que j'éprouvais devant les autres, ne fût-ce que pour un moment; je le compris bientôt. Pour me les procurer, j'acceptai l'idée de vendre tout ce que je possédais et n'en eus aucun regret.

Pour moi, les prostituées sont évidemment des êtres humains, mais elles ne sont pas des femmes; elles me paraissent ou stupides ou détraquées. Dans leurs bras je me sentais en paix; je pouvais dormir comme un sabot. Etres pitoyables, elles ne me donnaient pas, en vérité, le moindre désir de convoitise. Si je me rappelle celles qui disaient éprouver de la sympathie pour moi, celles-là ont toujours fait preuve d'une bonne volonté naturelle exempte de gêne, une bonne volonté exempte de calcul, qui ne forçait pas la main, une bonne volonté qui se manifestait à l'égard de quelqu'un qui ne reviendrait peut-être pas une deuxième fois. J'ai vu, certaines nuits, sur ces prostituées stupides ou demi-folles, se dessiner l'auréole de Marie.

J'échappais à la peur de mes semblables. Une fois, pour me procurer une misérable distraction d'une nuit, je me rendis là-bas. Pendant que je m'amusais avec ces prostituées qui avaient pour moi « un sentiment de sympathie », à un certain moment une atmosphère écœurante me parut flotter autour de mon corps. C'était pour moi une sorte de « supplément gratuit » à mes distractions, qui progressivement devenait plus manifeste. Horiki me fit constater le fait; je fus horrifié et j'éprouvai une impression de dégoût.

Observant les choses objectivement, c'est par les prostituées que j'ai connu les femmes; dans les derniers temps j'avais fait des progrès très notables à cet égard. La connaissance la plus approfondie des femmes s'acquiert par des prostituées; ces dernières sont le moyen le plus efficace pour arriver à cette connaissance. J'étais déjà enveloppé d'une odeur d'« homme à femmes », et les femmes (non seulement les prostituées) se laissaient attirer vers moi par cette odeur qu'elles sentaient d'instinct. Me trouvant gratifié de cette atmosphère obscène et déshonorante, je la retrouvais dans ce milieu où elle masquait le repos que j'étais venu chercher.

Horiki m'avait fait constater ces faits en partie par amabilité et pourtant cela fit surgir dans ma mémoire des souvenirs pénibles. Des exemples : je me rappelle avoir reçu d'une femme d'un salon de thé une lettre d'une écriture maladroite et enfantine. Une jeune fille d'environ vingt ans, fille d'un général qui habitait une maison voisine dans Sakuragi-chô, se trouvait chaque matin, à l'heure où je me rendais au lycée, à la porte d'entrée de sa maison, sans prétexte apparent, le visage légèrement fardé. Quand j'allais manger du bœuf dans un certain restaurant, la servante, sans que j'aie dit un mot... Quand j'allais chez le marchand de tabac chez qui je me fournissais habituellement, la fille du commerçant, dans la boîte de cigarettes qu'elle me remettait... Et puis, quand j'allais au théâtre kabuki, à la place voisine de la mienne... Et puis, la nuit quand je revenais ivre dans le tramway... Et puis cette lettre inattendue que m'envoya la fille d'un parent au pays natal, une lettre qui semblait avoir été longuement méditée... Et puis cette jeune fille inconnue qui apporta en mon absence une poupée faite sans doute de ses mains... Je restai d'une insensibilité totale à ces appels; tous en demeurèrent là, aucun ne dépassa un stade embryonnaire. Cependant, il était indéniable que j'étais entouré d'une atmosphère qui rendait toutes les femmes rêveuses. Il faut reconnaître qu'elle ne devait rien à des histoires de succès féminins dont je me serais vanté. J'en avais été averti par Horiki; j'en ressentis une amertume empreinte d'humiliation et soudain je perdis le goût de m'amuser avec des prostituées.

Horiki, poussé par sa vanité de moderniste, m'emmena un jour à une séance de lecture d'ouvrages communistes (cela devait s'appeler R. S., je ne me le rappelle pas clairement) dans un cercle d'études communistes. Pour un homme comme Horiki, une réunion communiste devait faire partie du programme d'un vrai « guide de Tôkyô. Je fus présenté comme sympathisant; on me fit acheter une brochure, puis j'écoutai un jeune homme au visage horriblement laid, qui occupait la place d'honneur, et qui fit une conférence sur les théories économiques de Marx. Pour moi, elles me semblaient claires comme le jour. Elles devaient l'être, toutefois il y a dans l'esprit humain des choses terribles dont on ne comprend pas la raison. On peut parler de cupidité, mais ce n'est pas suffisant; de vanité, ce n'est pas suffisant; d'amour et de cupidité tout ensemble, ce n'est pas suffisant. Je ne sais pas ce que c'est, mais le fond de l'humanité ne repose certainement pas sur la seule économie. Pour moi, porté à croire aux histoires de revenants et à m'en effrayer, bien qu'on m'affirmât que le matérialisme me ferait tout oublier, je ne pouvais espérer que je pourrais, grâce à lui, être délivré de la crainte de mes semblables et ouvrir les yeux sur une nouvelle conception de la vie. Cependant, sans manquer une fois aux réunions, j'assistais aux séances de cette R. S. (je crois qu'on l'appelait ainsi, mais je me trompe peut-être). A voir les sympathisants le visage tendu par l'étude de théories dont le niveau ne dépassait pas celui de l'arithmétique élémentaire (un et un font deux), je ne pouvais m'empêcher de les trouver ridicules. Le facétieux que j'étais faisait des efforts pour détendre l'atmosphère de ces réunions d'études. C'est peut-être pour cela que, lorsque je n'assistais pas aux séances, on me jugeait irremplaçable. Ces hommes simples me prenaient pour un homme simple comme eux; peut-être me tenaient-ils pour un sympathisant facétieux et optimiste, mais alors, c'est parce que je les trompais de A à Z. Je n'étais pas un sympathisant. Pourtant, dans ces réunions auxquelles je ne manquais pas d'assister avec régularité, je continuais à les amuser par mes bouffonneries.

C'est que j'aimais ces gens, qu'ils me plaisaient. Mais cela n'avait rien à voir avec l'amour que j'aurais eu pour Marx.

L'illégalité. Elle me donnait une obscure satisfaction. Ou plutôt, ce que j'aimais en elle, c'est qu'elle me mettait à l'aise. Au contraire, la légalité qui règne dans le monde m'épouvantait. Cette construction de l'esprit était incompréhensible pour moi. Il vaut mieux ne pas rester dans une chambre qui n'a aucune fenêtre, où l'on est frigorifié jusqu'au fond de l'être, tandis qu'il y a dehors la mer de l'illégalité, dans laquelle on peut sauter et plonger jusqu'à ce que la mort s'ensuive bien vite. A mon avis, c'était là la tranquillité.

Il y a des gens qu'on appelle des réprouvés, des oiseaux de nuit. Ces mots semblent indiquer parmi les humains des êtres pitoyables, des vaincus, des vicieux. Cependant, depuis que je suis né, je me suis senti porté vers ces êtres; quand j'en ai rencontré un que le monde montrait du doigt comme tel, je me suis toujours senti de la compassion pour lui.

Il existe aussi des coupables conscients. Je me range parmi ceux-là et j'ai été torturé toute ma vie par cette conscience que j'avais de mes fautes. Cependant, quand j'allais m'amuser misérablement avec un bon camarade, semblable à la compagne des temps de misère qu'on ne répudie pas en des jours plus heureux, je me donnais peut-être une attitude dans la vie. Ainsi qu'on dit vulgairement, je souffrais d'une conscience boiteuse, de même qu'un corps qui a reçu une blessure dans la jambe; dans ma plus tendre enfance, cette blessure n'affectait qu'une jambe; en grandissant — est-ce l'effet du traitement —, le mal gagna en profondeur; il atteignit la moelle et j'ai souffert horriblement comme on doit souffrir en enfer. Cependant (bien que ce soit là une manière très étrange de s'exprimer), ce mal m'est devenu peu à peu plus cher que le sentiment de la parenté; je me rappelle que la douleur qui me venait de cette blessure était pour moi comme une sensibilité qui vivait, ou comme le murmure d'un amour.

L'atmosphère de groupe d'un véritable mouvement souterrain entrepris par ces hommes me donnait une curieuse tranquillité, un grand confort spirituel. Bref, plus que le but originel de ce mouvement, sa pureté me donnait l'impression que je me trouvais en harmonie avec lui.

Quant à Horiki, il se bornait à des railleries stupides; il cessa d'aller aux réunions après m'avoir présenté. Il faisait sottement de l'esprit à propos du marxisme, déclarant nécessaire l'étude simultanée de la production et de la consommation; il m'engageait, sans fréquenter les réunions, à examiner seulement la consommation.

Quand on se reporte à cette époque, on constate qu'il existait toutes sortes de marxistes. Certains, comme Horiki, se donnaient le nom de marxistes par un modernisme de gloriole. D'autres, comme moi, s'attachaient au marxisme simplement pour un parfum d'illégalité qui leur plaisait. Si les partisans convaincus de la vérité marxiste avaient découvert ce qu'il y avait au fond de ces catégories, ils eussent été fous de rage à l'égard de Horiki et de moi-même et ils nous auraient probablement expulsés du parti comme des traîtres. Mais ni moi ni Horiki ne fûmes chassés. En particulier, dans ce monde de l'illégalité plus que dans le monde des messieurs corrects de la légalité, on pouvait boire joyeusement à la santé du parti; en ma qualité d'adepte à l'avenir plein de promesses, je fus chargé d'une foule de missions que l'on décorait du nom d'affaires secrètes d'une manière si exagérée que j'avais envie de pouffer de rire. Je n'en refusai aucune. Je les acceptai toutes avec indifférence. Suspecté par les « dogues » (c'est ainsi que les adeptes appelaient les policiers), je fus soupçonné, interrogé; je ne commis pas de maladresses. Je souris; je les fis rire et, de ces affaires dangereuses ainsi que les adeptes les appelaient, je me débarrassai avec habileté. C'est que le groupe qui animait ce mouvement gonflait à plaisir l'importance de ces affaires; il allait jusqu'à imiter sottement des histoires de détectives; il agissait avec d'extrêmes précautions; pourtant, à ma grande surprise, ma tâche était quelque chose d'insignifiant, mais ils s'efforçaient d'en faire mousser les dangers. A cette époque mon sentiment était le suivant : il m'était indifférent d'être arrêté comme membre du parti et même de passer ma vie en prison. Ayant peur de la « vie réelle » des humains, je me demandais si je ne serais pas plus heureux dans une cellule que dans l'enfer d'un lit où je gémissais au cours des nuits d'insomnie.

Dans sa villa de Sakuragi-chô, mon père recevait des visiteurs, ou il sortait, de sorte que nous restions trois ou quatre jours sans nous rencontrer tout en habitant la même maison. Cependant, bien qu'une conversation avec mon père me remplît de malaise et me fît trembler, j'étais sur le point de lui dire, d'une manière ou d'une autre, que je songeais à quitter la maison et à prendre pension quelque part. Je n'avais encore rien proposé de la sorte quand j'entendis dire au vieux gardien de la villa que mon père avait l'air de vouloir vendre la maison.

Le mandat de mon père à la Chambre approchait de son terme. Il avait certainement toutes sortes de raisons pour agir ainsi, mais il ne semblait pas désirer se représenter aux élections; au contraire, il allait faire construire au pays une maison pour s'y retirer. Il ne semblait pas regretter Tôkyô. Pensait-il qu'il était inutile de mettre à ma disposition une villa avec un domestique, la dépense n'excédant cependant pas celle de l'entretien d'un élève au lycée supérieur, je ne sais, car je n'ai jamais bien compris les pensées de mon père, pas plus que celles des autres personnes. Quoi qu'il en soit, cette maison allait bientôt passer en d'autres mains, et moi, j'allais déménager et m'installer dans une chambre sombre d'une vieille pension appelée Senyûkan, dans Morikawa-chô, à Hongô. Alors je fus tout de suite ennuyé par la question d'argent.

Jusque-là mon père me donnait chaque

mois une somme fixe pour mes menues dépenses. Cette somme disparaissait en deux ou trois jours, mais il y avait toujours à la maison du tabac, du saké, du fromage, des fruits; quant aux livres, à la papeterie, à l'habillement, je me les procurais dans les boutiques du voisinage qui établissaient des factures. Lorsque je régalais Horiki d'un bol de vermicelle de sarrasin, ou d'un bol de riz avec de la viande frite, comme il y avait dans le quartier des boutiques dont mon père était client, je pouvais partir sans payer.

Très vite, je me trouvai dans ma pension, seul. La mensualité qui m'était envoyée était loin de couvrir mes besoins, je ne savais que faire. L'argent que je recevais fondait régulièrement en deux ou trois jours. Tremblant de peur, découragé au point d'en perdre l'esprit, j'envoyais tour à tour à mon père, à mon frère aîné, à ma sœur cadette des télégrammes et des lettres avec force détails, pour leur demander de l'argent. Dans ces lettres, les circonstances que j'invoquais étaient toutes de l'invention du facétieux que j'étais. Je pensais que, pour demander quelque chose à quelqu'un, il était de bonne politique de le faire rire d'abord. Je les bombardais de demandes. En outre, sur le conseil de Horiki, je devins un client assidu des monts-de-piété. Tout cela ne m'empêcha pas d'être toujours à court d'argent.

Finalement, sans relations dans cette pension, je ne fus plus capable de continuer à vivre dans l'isolement. Dans ma chambre, à vivre toujours tout seul, la peur me faisait imaginer que quelqu'un allait m'assaillir, me porter des coups, me jeter dans la rue. Alors, j'allais aider le mouvement dont j'ai parlé, ou bien nous déambulions avec Horiki en buvant du saké à bon marché. Nous avions abandonné presque complètement les études et le dessin. Nous étions au mois de novembre de ma deuxième année de lycée supérieur. L'aventure d'un double suicide avec une femme mariée de deux ans plus âgée que moi entraîna un complet changement dans ma vie.

Je n'allais pas au lycée. Je n'étudiais aucune des matières du programme. Malgré cela, j'eus la chance de pouvoir traiter mes compositions à l'examen d'une manière pertinente. De toute façon je continuais à duper mes parents au pays natal, mais un rapport fut secrètement envoyé à mon père par le lycée au sujet de mon manque d'assiduité. Au nom de mon père, mon frère aîné m'envoya une longue lettre dans un style solennel. Mais ce qui me porta le coup le plus sensible, ce fut la privation d'argent. En outre, je me plongeai avec acharnement dans les affaires du mouvement que j'avais traitées jusque-là à moitié par amusement. Etait-ce ce qu'on appelait le secteur central, ou un secteur quelconque, peu importe, je devins le chef du groupe d'action des élèves marxistes de toutes les écoles des quartiers de Hongô, Koishikawa, Shitaya, Kanda. On m'avait parlé d'un « soulèvement armé » possible. J'achetai un canif (quand j'y pense maintenant, je crois qu'il aurait à peine permis de tailler un crayon tellement il était fragile). Je le portais dans la poche de mon imperméable et c'est ainsi que j'assurais ce que l'on appelait les « liaisons » en circulant de tous côtés. Buvant du saké, je dormais profondément. Mais je n'avais pas d'argent. De plus, les requêtes venant du P. (j'ai noté que P. était le nom de code du parti, mais je me trompe peut-être) se succédaient au point que je n'avais plus le temps de respirer. En raison de ma constitution maladive, je n'étais plus du tout à la hauteur de ma tâche. Au début, ce n'était que par intérêt pour l'illégalité que j'avais aidé ce groupe, mais maintenant ce n'était plus de la plaisanterie, les choses étaient sérieuses. Finissant par être si occupé, je me disais en moi-même : « Gens du P. !

Vous vous êtes trompés en me choisissant. Si vous remettiez mes fonctions à un homme sorti directement de vos rangs, qu'en diriez-vous ? » Comme je ne pouvais me défendre de ressasser cette pensée énervante, je m'enfuis. Je m'enfuis, mais, ainsi qu'on peut le deviner, j'étais plein de tristesse et je résolus de mourir.

A cette époque, trois femmes me portaient des sentiments particuliers. L'une d'elles était la fille de ma pension, le Senyûkan. Quand je revenais épuisé par l'aide que je donnais au mouvement, je m'endormais sans manger. Un soir, cette fille entra dans ma chambre avec un bloc et un stylo.

— Je vous demande pardon. En bas, ma petite sœur et mon jeune frère font un tel bruit que je n'arrive pas à écrire tranquillement une lettre.

Et elle s'assit à ma table pour écrire pendant plus d'une heure. Alors que je ne pensais qu'à m'allonger dans mon lit en feignant de dormir, cette fille voulut à toute force me faire parler. Passif, je secouai mon corps recru de fatigue et, bien que je n'eusse pas envie de dire un seul mot, je me retournai bon gré mal gré sur le ventre, j'allumai une cigarette et dis :

— Il paraît qu'un homme a pris un bain

qu'il avait chauffé avec les lettres d'amour de ses maîtresses.

— Oh ! Quelle horreur ! Je pense que c'est vous !

— Il m'est arrivé en effet de chauffer mon lait de cette façon.

— C'est un honneur pour ces lettres ! Buvez-le donc !

Elle ne s'en irait donc plus ? Cette lettre, ce n'était qu'un prétexte transparent. Elle avait beau écrire en murmurant des syllabes, cela ne changeait rien à l'affaire.

— Faites voir..., dis-je, alors qu'à aucun prix je ne désirais voir cette lettre.

— Oh ! non ! Je ne veux pas ! Je ne veux pas !

Et, toute honteuse de son jeu, elle reprit son bon sens.

Alors je pensai à lui demander un service quelconque.

— Pardon, ne voudriez-vous pas aller à la pharmacie qui se trouve dans la rue du tramway et m'acheter de la calmotine ? Je me sens très fatigué; le visage me brûle et je ne peux pas dormir. Vous m'excusez ! De l'argent...

— Ça va bien. De l'argent, j'en ai.

Elle se leva, contente. Demander un service à une femme ne la rebute jamais, au contraire; une femme à qui un homme demande quelque chose se réjouit. Cela je le savais bien.

Une autre était une adepte du parti, qui était élève à l'école normale supérieure des jeune filles dans la section des lettres. Bon gré mal gré, nous devions nous rencontrer tous les jours pour les affaires du mouvement dont j'ai parlé. Notre tâche terminée, cette jeune fille ne manquait pas de m'accompagner et de m'acheter une quantité exagérée de choses.

— Considérez-moi vraiment comme votre sœur aînée.

Cette prétention me donnait le frisson.

— C'est bien mon intention, répliquai-je en prenant une expression souriante, mais un peu inquiète.

Quoi qu'il en soit, j'avais peur de la mettre en colère, il me fallait lui donner le change. A cet effet, je me fis de plus en plus le chevalier servant de cette fille laide qui me déplaisait. Puis, les choses qu'elle m'achetait (en vérité, elles étaient de mauvais goût et je les donnais généralement sans tarder au vieux marchand de poulet rôti), je les recevais le visage souriant. Je la faisais rire par mes plaisanteries. Un soir d'été, je n'arrivais pas à l'éloigner; sans autre intention que de me débarrasser d'elle, je lui donnai un baiser dans un endroit sombre de la rue; ensuite, comme si j'étais pris d'une folie misérable, j'appelai une auto, je l'emmenai dans une étroite chambre à l'occidentale qui avait l'air d'un bureau de brasserie mais qui était louée en secret par le mouvement. Jusqu'au matin, ce fut une nuit folle. En moi-même, je pensai que j'avais là une singulière sœur aînée.

Que ce fût la jeune fille de ma pension, que ce fût cette adepte du parti, de toutes manières les circonstances voulaient que je les rencontrasse chaque jour. Je ne pouvais les éviter comme j'avais évité les diverses femmes rencontrées jusque-là. Sans volonté, me laissant glisser, le cœur toujours inquiet, je fis de mon mieux pour rester dans les bonnes grâces de ces deux femmes à la fois, mais je me trouvais comme auparavant pieds et poings liés par le manque d'argent.

Vers la même époque, je reçus d'une serveuse d'un grand café de Ginza un service imprévu. Nous ne nous étions rencontrés qu'une seule fois. Cependant, retenu invinciblement vers elle par ce service, je restai là sans pouvoir bouger, l'esprit assailli par une vague appréhension. À cette époque, sans avoir recours à Horiki comme guide, j'osais prendre seul le tramway, aller au Kabukiza, entrer dans un café vêtu d'un kimono à dessins et affectant un air plus ou moins dégagé.

L'assurance et la force brutale des gens continuaient à entretenir au fond de moi le doute, la crainte, la souffrance. Ce n'est qu'extérieurement que, peu à peu, je pus adresser aux autres des salutations avec un visage sérieux (je me trompe : je ne pouvais adresser de salutations sans les accompagner du sourire pénible du pauvre bouffon vaincu) ; ces salutations, quelles qu'elles fussent, faites d'un esprit troublé, absent, que devaient-elles aux courses que je faisais de droite et de gauche pour le mouvement dont j'ai parlé ? Ou aux femmes ? Ou au saké ? Mais c'est surtout grâce au manque d'argent que je commençai à prendre cette assurance. Tout était terrible pour moi et surtout les grands cafés où j'étais bousculé par la foule des consommateurs, des serveuses et des serveurs; si je trouvais le moyen de me glisser parmi eux, est-ce que je parviendrais à calmer mon esprit perpétuellement tourmenté ? Avec dix yens en poche, j'entrai seul dans un grand café de Ginza. Je m'adressai en souriant à une serveuse :

— Je n'ai que dix yens; ne l'oublie pas !

— Ne vous faites pas de souci.

Je relevai dans ses paroles un accent du Kansai [1].

Chose étrange, elles firent sur mon cœur qui battait l'effet d'un calmant, non pas parce qu'elles m'enlevaient le souci de n'avoir pas d'argent, mais parce que, de me trouver à côté de cette femme, mes inquiétudes s'évanouissaient.

Je bus mon saké. L'esprit tranquille je n'avais plus envie de jouer les bouffons. Sans chercher à dissimuler ma vraie nature, sombre et taciturne, je buvais en silence.

— Aimeriez-vous de ces choses ?

Elle alignait devant moi toutes sortes de plats. Je secouai la tête.

— Du saké seulement ? Moi aussi, j'en boirai.

C'était l'automne; la nuit était froide. Ainsi que me l'avait demandé Tsune-ko (je me rappelle qu'elle s'appelait ainsi, mais le souvenir de son nom s'est affaibli dans ma mémoire et n'est pas certain; j'en suis arrivé à ne même plus me rappeler le nom de celle avec qui j'ai essayé de me suicider) je l'attendais en mangeant des sushi [2], qui

1. Le Kansai est la région de Kyôto, l'ancienne capitale, et s'oppose au Kantô, région de Tôkyô.
2. Un sushi est un cylindre de riz enveloppé d'algues et au centre duquel se trouvent des condiments.

n'étaient pas fameux, à l'éventaire d'un marchand ambulant qui se tenait derrière Ginza. Même si j'oublie le nom de cet homme, la mauvaise qualité de ses sushi me reste clairement en mémoire, je ne sais pourquoi. Ce vieux avait un vilain visage de couleuvre; son crâne était entièrement rasé comme celui d'un bonze, il ne cessait de branler la tête. Je me souviens, comme s'il était devant mes yeux, de la manière habile et pas toujours honnête dont il saisissait les sushi pour les vendre à ses clients. Des années plus tard, j'ai revu deux ou trois fois dans le tramway ou ailleurs des visages dont, après réflexion, je me disais : « Tiens ! j'ai déjà vu cette tête-là ! » en pensant à lui. Me reportant à cette époque, j'avais un sourire amer. A présent que le nom du vieux marchand de sushi s'est effacé de ma mémoire, le souvenir de son visage, précis comme si j'avais devant les yeux sa photographie, m'est rappelé par la mauvaise qualité des sushi qu'il vendait alors, par le froid et la souffrance que j'éprouvais. Autrefois, dans les boutiques qui offraient d'excellents sushi, même lorsque j'y étais invité, je n'ai pas pensé une seule fois qu'ils étaient bons. Ils étaient trop gros, gros comme le pouce, à ne pas savoir si l'on pourrait les saisir.

Cette femme avait loué le premier étage de la maison d'un certain Oe-san. Dans cette pièce, où je ne cachais en rien la tristesse qui emplissait mon cœur, je fus pris d'un terrible mal de dents. Pressant ma joue dans ma main, je buvais du thé. Cette attitude n'éloigna pas Tsune-ko qui, au contraire, me témoigna plus d'affection. Elle allait et venait dans la vie, tourbillonnant comme une feuille morte que le vent froid de l'automne a détachée, avec le sentiment d'être seule au monde.

Pendant que j'étais couché auprès d'elle, elle me racontait qu'elle avait deux ans de plus que moi, que son pays natal était Hiroshima. « J'ai un mari qui était coiffeur dans cette ville. Au printemps de l'an dernier nous avons quitté en hâte la maison et nous sommes venus à Tôkyô ; mais mon mari a fait des choses irrégulières. Il a été accusé d'escroqueries et il est en prison. Chaque jour, je suis allée à la prison pour lui porter une chose ou une autre, mais, à partir de demain, je cesserai..., etc. » Mais que signifiaient pour moi ces histoires ? Je n'avais aucune curiosité pour les récits concernant la vie des femmes. Est-ce parce que la manière de raconter de Tsune-ko était maladroite, est-ce parce que je jugeais mal la gravité de son histoire ? Quoi qu'il en soit, pour moi autant en emportait le vent et je restais indifférent.

Je trouve étrange, extraordinaire, que pas une seule fois elle n'ait dit : « Je me sens seule sur terre... » Ces mots auraient certainement éveillé en moi de la compassion, mieux qu'un déluge de lamentations sur la destinée des femmes. Cependant, bien que ces mots de solitude ne soient jamais sortis de ses lèvres, tout son corps était enveloppé des effluves d'un isolement affreux; à son contact mon propre corps s'enveloppait des effluves de la mélancolie plus ou moins cuisante que je portais en moi; toutes ces émanations se mêlaient. Comme « la feuille morte qui descend au fond de l'eau pour se poser sur le rocher », j'étais prêt à m'éloigner, par crainte et par angoisse.

Dormir profondément, l'esprit tranquille, sur le sein des prostituées (d'abord celles-ci sont gaies) était chose complètement différente de ces heures auprès de Tsune-ko. La nuit passée avec la femme d'un homme coupable d'escroquerie fut pour moi la nuit d'une heureuse libération. (J'ai dit : heureuse, le mot est extrêmement dépaysé ici quoique je l'écrive sans hésitation; on ne le trouve pas deux fois dans tous ces carnets de notes.)

Cette nuit fut unique. Au matin, je

m'éveillai, sautai hors du lit et je me travestis de nouveau en bouffon frivole. Un faible insecte craint même le bonheur. On le meurtrit même avec du coton. On peut être blessé même par le bonheur. J'avais hâte de me séparer d'elle avant d'être blessé, sans plus attendre, et de m'envelopper du rideau de fumée d'un vrai bouffon.

On dit : « Plus d'argent, plus d'amour », n'est-ce pas ? Eh bien, l'interprétation que l'on donne de ce dicton est contraire à la vérité. On ne doit pas dire qu'un homme qui n'a pas d'argent est repoussé par les femmes. Le grand dictionnaire de Kanazawa en donne l'explication. Quand un homme n'a plus d'argent, il est découragé; il n'a même plus la force de rire; il devient bizarrement jaloux; finalement il tombe au dernier degré du désespoir. Il repousse les femmes. C'est une situation pénible. Je comprends cette disposition d'esprit.

Je me rappelle nettement que ces propos de fou firent pouffer de rire Tsune-ko. Il ne fallait pas rester longtemps. L'inquiétude me prenant, sans me laver le visage, je m'éloignai. Les paroles insolentes, sauvages, que je lançai alors : « Plus d'argent, plus d'amour ! » me sont restées ancrées dans la mémoire.

Un mois s'écoula. Je ne rencontrai pas ma bienfaitrice d'un soir. A mesure que passaient les jours, ma satisfaction d'être séparé d'elle s'amenuisait. Je fus épouvanté d'avoir reçu ce léger service; j'eus conscience d'une dette terrible que j'avais contractée sans y être obligé. Je commençai peu à peu à m'inquiéter d'avoir, comme une chose naturelle, laissé toute mon addition à la charge de Tsune-ko. Je pensai que cette dernière, de même que la fille de la pension, de même que l'étudiante de l'école normale de filles, me poursuivaient. Bien que je me fusse rapidement éloigné d'elle, je ne cessais d'avoir peur de Tsune-ko. Bien plus, si je rencontrais une femme avec qui j'avais déjà couché, je m'imaginais qu'elle allait soudain se mettre en colère en s'enflammant comme un feu ardent. Comme il m'eût été extrêmement désagreable de la rencontrer, j'évitais de plus en plus Ginza. Entre le moment où une femme a couché avec un homme et le moment où, au matin, elle se lève, elle sépare habilement l'existence en deux, sans maintenir le lien le plus ténu entre ces deux instants et comme si elle avait tout oublié. Je ne pouvais pas encore bien comprendre ce phénomène étonnant.

Un soir de la fin de novembre, Horiki et moi buvions du saké bon marché à un éventaire ambulant de Kanda. En quittant cet éventaire, mon mauvais compagnon me proposa d'aller boire de nouveau quelque part. Nous n'avions plus d'argent, mais il s'obstina :

« On va boire ! On va boire ! » A cette époque, quand je m'enivrais mon foie grossissait. Je lui dis :

— Entendu. Alors, je t'emmène au pays des rêves ! Ne t'étonne pas : On ira à l'« Etang de saké, Forêt de femmes ».

— Un café ?

— Oui.

— Partons.

Sur ce, tous deux nous prîmes le tramway de ville. Joyeux, Horiki s'écria :

— Moi, ce soir, j'ai soif d'une femme. Est-ce que je peux donner un baiser à une serveuse ?

Je n'aimais guère les propos d'ivrogne de Horiki et ce dernier le savait. Il insista :

— Est-ce que je peux ? Sûrement j'embrasserai la serveuse qui s'assoira à côté de moi. Je peux ?

— Cela lui sera probablement bien égal !

— Merci ! Moi, j'ai soif d'une femme.

Nous descendîmes au quatrième quartier de Ginza. Entrés dans le grand café qu'on appelait : « Etang de saké et Forêt de femmes », nous demandâmes Tsune-ko, bouée de sauvetage : nous étions à peu près sans argent. Une stalle était vide; nous nous laissâmes tomber sur les sièges et juste à ce moment accoururent Tsune-ko et une autre serveuse. Cette dernière prit place près de moi. Tsune-ko s'assit lourdement à côté de Horiki. Cela me donna un choc. Tsune-ko ne tarda pas à être embrassée.

Je ne fus pas jaloux. Chez moi, le désir de possession a toujours été faible. Si parfois j'éprouvais une sourde jalousie, je n'avais pas assez d'énergie pour lutter avec un homme pour défendre résolument mon droit de possession. Plus tard, quand j'ai été trompé par une femme (illégitime), je suis allé jusqu'à me taire.

Autant que possible, je ne me mêlais pas des affaires des autres. J'avais la terreur de m'engager sur un terrain aussi glissant. Tsune-ko et moi, nous n'avions eu de relations intimes qu'une seule nuit. Elle n'était pas ma chose. Je n'avais aucun droit d'être jaloux. Pourtant j'éprouvai un choc. Le sort de Tsune-ko recevant sous mes yeux les baisers fougueux de Horiki me semblait digne de pitié. Il fallait sans doute que Tsune-ko, salie par Horiki, se sépare de moi; en outre, je ne ressentais en moi aucun désir ardent de retenir Tsune-ko. Oui, c'était déjà fini : mon sursaut en voyant l'infortune de cette femme n'avait duré que le temps d'un clin d'œil et s'était tout de suite dissipé. Je me résignai docilement; après avoir regardé tour à tour Tsune-ko et Horiki, je ris de bon cœur.

Cependant, la situation empira d'une manière imprévue.

— J'en ai assez ! dit Horiki, avec une grimace de dépit. Même pour moi, une miséreuse comme celle-là me...

Il s'arrêta gêné. Il croisa les bras et fixa les yeux sur Tsune-ko avec un sourire sardonique.

A mi-voix, je dis à Tsune-ko :

— Du saké ! Mais je n'ai pas d'argent...

Or, j'avais une envie de boire à me baigner dans le saké. Aux yeux du monde, que Tsune-ko reçût les baisers d'un ivrogne n'avait pas d'importance, mais elle avait été traitée de miséreuse. Pour moi, ce fut comme un coup de tonnerre qui me brisa. Je bus du saké et encore du saké, plus que je n'en avais jamais absorbé. J'étais étourdi. Mon regard croisa celui de Tsune-ko et nous échangeâmes un petit sourire triste. En réfléchissant à ces paroles que Horiki avait prononcées : « Cette femme est étrangement fatiguée, elle sent la misère », et en même temps à l'affinité qui rapprochait deux êtres pauvres, le sentiment de cette affinité monta en moi; Tsune-ko me devint chère et, pour la première fois dans ma vie, je compris qu'un sentiment d'amour, réel quoique faible, était né dans mon cœur. (Je crois, même à présent, que le désaccord entre riches et pauvres est l'un des thèmes éternels, bien que banal, des tragédies.)

Je vomis, je perdis conscience. C'était la première fois de mon existence que l'ivresse du saké m'annihilait à ce point.

Quand je revins à moi, Tsune-ko était assise à mon chevet. J'avais dormi dans la chambre du premier étage de Oe.

— « Plus d'argent, plus d'amour ! » Qu'entendiez-vous par là ? Plaisantiez-vous, ou étiez-vous sincère ? C'est compliqué. Votre famille ne pourrait-elle pas vous aider ?

— Il n'y a rien à faire.

Tsune-ko se coucha aussi. Au matin, le mot « mourir » sortit pour la première fois de sa bouche. Elle était lasse de se trouver en ce monde. Quant à moi, ma crainte des autres, mes ennuis, l'argent, le mouvement dont j'ai parlé, les femmes, les études, je n'avais plus aucune envie de tout cela. D'un cœur léger je donnai mon accord au projet de Tsune-ko.

Cependant, à ce moment, j'étais encore

incapable de donner leur sens réel à ces mots : « Je veux mourir. » Une idée d'amusement s'y cachait.

Ce matin-là, nous errâmes dans le sixième district d'Asakusa. Nous entrâmes dans une maison de thé et bûmes du lait.

— Réglez, voulez-vous ?

Je sortis mon porte-monnaie de ma manche. Je l'ouvris. Il contenait trois pièces de cuivre. Plus que par la honte, je fus assailli par des idées tragiques. Dans ma tête, je vis dans un éclair ce que je possédais : dans ma chambre du Senyûkan, je n'avais plus que mon uniforme et mes matelas, et ensuite il ne resterait plus dans cette chambre dénudée un seul objet acceptable par un mont-de-piété; à part cela, je n'avais plus que le kimono de soie épaisse que je portais habituellement et un manteau. Telle était la réalité. Je compris clairement que je ne pouvais continuer à vivre.

— Oh ! vous n'avez que cela ?

Ces mots furent dits d'un ton indifférent mais qui me traversèrent jusqu'à la moelle par une blessure profonde. Pour la première fois j'étais blessé par une voix qui voulait m'aimer. Ce que j'avais ne représentait rien; trois pièces de cuivre, cela ne représente absolument rien. Je subissais une humiliation étrange que je n'avais jamais éprouvée jusque-là. Une humiliation que je ne pouvais supporter en restant vivant. En ce temps-là je n'étais pas encore l'enfant riche qui a rompu avec sa famille. A ce moment, mes idées se précisèrent et je résolus vraiment de mourir.

Cette nuit-là nous nous précipitâmes dans la mer à Kamakura. Tsune-ko dénoua sa ceinture, la plia et la posa sur un rocher. J'enlevai mon manteau, le plaçai à côté et nous nous jetâmes ensemble dans la mer.

Tsune-ko mourut. Moi seul fut sauvé.

J'étais un élève du lycée supérieur; le nom de mon père était connu. Les journaux donnèrent à l'événement une grande publicité.

Je fus recueilli dans un hôpital voisin de la mer. Un de mes parents accourut du pays, s'occupa d'une foule de choses me concernant; puis, comme toute la famille, à commencer par mon père, était furieuse, il m'annonça avant de partir qu'il ne savait pas si je ne serais pas exclu de la famille. Depuis cet événement, je ne cessais de sangloter en pensant à ma chère Tsune-ko aimée. De toutes les personnes que j'avais connues, il n'était que Tsune-ko — une « miséreuse pour pauvres » — que j'eusse vraiment aimée.

De la jeune fille de la pension je reçus

une longue lettre où elle avait aligné cinquante poèmes de trente et une syllabes. Cinquante, qui commençaient tous bizarrement par : « Vis ! » Les infirmières entraient gaiement dans ma chambre de malade, le sourire aux lèvres, et certaines me serraient furtivement la main. A l'hôpital, on me découvrit une lésion au poumon gauche; cela me fut extrêmement utile. Bientôt, je fus emmené au bureau de police, inculpé d'instigation au suicide. A la police on me traita en malade et je fus mis en surveillance spéciale à l'hôpital.

Au milieu de la nuit, dans la salle de garde voisine de la chambre des malades en surveillance, le vieillard dont c'était le tour de veille fit sa ronde; il ouvrit la porte de communication et m'appela :

— Dites donc ! Vous devez avoir froid ? Venez vous réchauffer par ici.

Contraint, le cœur lourd, j'entrai dans la salle de garde; je m'assis sur une chaise et me chauffai au brasero.

— Vous aimiez sans doute beaucoup cette femme qui est morte ?

— Oui, répondis-je d'une voix éteinte.

— C'est une histoire d'amour...

Le vieux prit peu à peu un air grave.

— Où avez-vous commencé vos relations avec cette femme ?

Il m'interrogeait d'un ton de magistrat et me traitait avec le léger dédain que l'on a pour les propos d'enfant. Parlant des péripéties de cette nuit d'automne, il affecta des airs de juge d'instruction. C'était un stratagème pour me faire raconter des souvenirs scabreux. Je compris rapidement où il voulait en venir et dus faire tous mes efforts pour ne pas en être écœuré. Je savais que cela n'avait pas d'importance si je refusais de répondre à toutes les questions de l'interrogatoire officieux de ce veilleur, cependant, pour atténuer les ennuis de cette longue nuit d'automne, je montrai jusqu'au bout un visage qui ne permettait pas de douter de ma sincérité; en effet, j'étais convaincu que le degré de gravité de la peine que j'encourais dépendait dans une certaine mesure de l'opinion de ce veilleur. Je lui fis une déclaration de nature à satisfaire suffisamment sa curiosité lascive.

— Hm ! Avec cela, j'ai compris l'essentiel. Vous avez répondu franchement à tout. En ce qui me concerne, vous pouvez être assuré de ma discrétion.

— Merci beaucoup. Je compte sur votre appui.

C'était presque de l'excellent théâtre. La représentation m'était imposée.

Le matin venu, je fus appelé par le commissaire de police. Cette fois, c'était l'interrogatoire officiel.

La porte s'ouvrit. Au moment où j'entrai dans le bureau du commissaire :

— Oh ! C'est un beau garçon ! Ce n'est pas de ta faute ! C'est ta mère qui a eu tort de faire un beau garçon !

C'était un commissaire au teint légèrement bronzé, encore jeune, qui donnait l'impression de sortir de l'université. Accueilli de la sorte à brûle-pourpoint, de larges taches de rousseur apparurent sur la moitié de mon visage. Je me sentis défiguré, laid, pitoyable.

L'interrogatoire de ce commissaire qui ressemblait à un champion de judo ou d'escrime fut simple en vérité, bien différent de l'examen secret aux curiosités pornographiques que le vieil agent m'avait fait subir au milieu de la nuit. Son interrogatoire terminé, le commissaire, tout en remplissant des pièces destinées au procureur, me dit :

— Il faut maintenir le corps en bonne santé, n'est-ce pas ? Tu n'as pas de crachements de sang ?

Ce matin-là, j'avais toussé d'une manière inexplicable. Comme je m'étais couvert la bouche avec mon mouchoir, celui-ci se trouvait couvert d'une semis de petites taches rouges de sang. La nuit précédente j'avais touché un petit bouton qui s'était formé au-dessous de l'oreille et c'était le sang sorti de ce bouton. Toutefois, je pensais qu'il était plus expédient de ne pas révéler cela. Je baissai les yeux et je répondis de mon air le plus innocent :

— Si.

Le commissaire avait fini de remplir ses pièces.

— Y aura-t-il poursuite ou non, c'est M. le procureur qui en décidera, mais il serait bon de demander aujourd'hui au parquet de Yokohama que l'on prévienne par télégramme ou par téléphone une personne qui se porte garante pour toi. Tu dois bien avoir quelqu'un qui prenne soin de toi, qui réponde pour toi.

Le nom me revint d'un marchand de vieux livres et d'ouvrages calligraphiés qui fréquentait la villa de mon père à Tôkyô. Il était de notre pays. Il s'appelait Shibuta. C'était un célibataire de quarante ans qui avait été mon correspondant au lycée. A cause de son visage et surtout de ses yeux, on disait qu'il ressemblait à une sole. Mon père l'appelait toujours Hirame (La Sole) et moi aussi, j'avais l'habitude de l'appeler ainsi.

Empruntant l'annuaire téléphonique du commissariat, j'y cherchai le numéro de la maison de Hirame. Je l'y trouvai et j'appelai Hirame. Je le priai de venir au parquet de Yokohama. Il répondit d'un ton important que je crus d'un autre homme. Quoi qu'il en soit, il accepta.

— Dites-moi, il faut désinfecter immédiatement l'appareil téléphonique, parce que ce gaillard crache le sang.

Cet ordre avait été donné à haute voix par le commissaire aux agents. Comme j'étais assis dans la salle de garde où j'étais retourné, il m'était arrivé aux oreilles.

Midi était passé. Une cordelette de chanvre fut attachée autour de mon corps; j'eus la permission de la cacher sous mon manteau, mais le bout en était tenu d'une main ferme par le plus jeune des agents avec qui je pris le tramway en direction de Yokohama.

Cependant, je n'étais pas troublé le moins du monde. Cette salle de garde de la police, la sympathie du vieil agent... Ah ! Comment en étais-je arrivé là ! J'étais attaché comme un coupable et pourtant je respirais librement. Au moment où j'écris les souvenirs de ces heures, je me sens très à l'aise.

Toutefois, parmi ces souvenirs auxquels je me reporte avec émotion, il en est un que je ne puis me rappeler sans un frisson, celui d'une misérable maladresse que je n'oublierai de ma vie. Dans la pièce un peu sombre du parquet, je subis un interrogatoire assez simple du procureur. Ce dernier était un homme d'une quarantaine d'années, à l'air calme (même si l'on disait de moi que j'avais un beau visage, on peut affirmer sans se tromper que c'était un beau visage de débauché; or je puis dire que le visage du procureur, lui, était d'une beauté correcte, avec un air intelligent, paisible, qui reflétait une personnalité éloignée des futilités). Sans réticence je fis ma déclaration lorsque, soudain, je me mis à tousser. Je sortis de ma manche mon mouchoir. Apercevant le sang, tout de suite il me vint à l'esprit un honteux stratagème, pensant qu'il pourrait m'être utile. J'ajoutai avec affectation deux hm ! hm ! supplémentaires et simulés; je m'essuyai la bouche avec mon mouchoir; je jetai un regard fugitif sur le visage du procureur. En moins de temps qu'il ne faut pour le dire il me lança :

— Est-ce réel ?

Sans s'émouvoir, il eut un faible sourire.

Une sueur froide m'inonda. Ou plutôt, je me rappelle maintenant que j'eus tout de suite envie de danser. Il n'est pas exagéré de dire que j'éprouvai un choc plus violent que lorsque cet imbécile de Takeichi m'avait crié par derrière : « C'est de la frime ! Tu l'as fait exprès ! » Ce sont les deux circonstances de ma vie où j'ai enregistré mes plus grands échecs de simulateur. Plutôt que de subir le calme mépris du procureur, j'aurais préféré m'entendre condamner à dix ans de prison. Je crois parfois que cela eût mieux valu pour moi.

Il fut sursis aux poursuites. Pourtant, je ne m'en réjouis pas; je me sentais misérable. Assis sur un banc dans l'antichambre du parquet, j'attendais Hirame, mon répondant.

Par une haute fenêtre, j'apercevais les lueurs du soleil couchant dans le ciel où un vol de mouettes dessinait ce caractère chinois 女 « femme ».

TROISIÈME CARNET

1

Des prédictions de Takeichi, l'une fut juste, une autre fut une erreur. « Tu seras aimé », c'est une prédiction qui s'est réalisée sans que j'y eusse de mérite, mais « tu seras un grand artiste », c'est une prédiction dictée par la gratitude qui a certainement manqué son but. A peine ai-je été un médiocre caricaturiste inconnu pour revues de dernier ordre.

En raison de l'affaire de Kamakura, j'avais été chassé du lycée supérieur. Je vivais dans une chambre de trois nattes, au premier étage de la maison de Hirame. Chaque mois une somme des plus réduites m'était envoyée du pays, mais elle ne m'était pas adressée directement; elle parvenait en cachette à Hirame (c'était mon frère aîné et la famille qui usaient de ce procédé à l'insu de mon père). Je ne recevais rien d'autre. Puis les relations avec le pays furent complètement coupées; alors Hirame fut toujours de mauvaise humeur; j'avais beau lui sourire aimablement, lui ne souriait pas. Les hommes peuvent-ils ainsi changer en un simple tournemain, pensais-je lorsque d'une voix sans ménagement, plutôt comique, il me disait :

— Il ne faut pas sortir ! Enfin... veuillez ne pas sortir !

Il ne me disait que cela.

Hirame craignait pour moi le suicide. Il ne cessait de m'observer; au fond il me voyait suivant les traces de Tsune-ko pour me jeter dans la mer, aussi me défendait-il sévèrement de sortir. Cependant, je ne buvais pas, je ne fumais pas; j'étais fourré du matin au soir sous la couverture de ma chaufferette, dans ma chambre de trois nattes du premier étage, lisant de vieilles revues sans intérêt et menant une vie stupide. J'avais même perdu toute énergie pour me suicider.

La maison de Hirame était proche de l'hôpital spécial d'Okubo. Sur l'enseigne on lisait : « Seiryûen [1]. Livres et Calligraphies d'occasion. » C'était une maison avec deux entrées; le magasin avait une façade étroite;

1. « Au Jardin du Dragon vert ».

l'intérieur était couvert de poussière et ne contenait qu'un petit nombre de vieilleries. (En réalité, le négoce de ces vieilleries n'était qu'un prétexte pour Hirame; il était un habile intermédiaire entre de soi-disant amateurs qui avaient « conservé précieusement » certains objets et d'autres soi-disant amateurs qui désiraient acquérir ces objets; il semble qu'il gagnait beaucoup d'argent à ce métier.) Il ne restait pour ainsi dire jamais au magasin. Dès le matin, il montrait un visage maussade; il parlait en hâte, laissant tout seul à la garde du magasin un commis de dix-sept ou dix-huit ans. Dès qu'il était libre, ce dernier, au lieu de monter la garde autour de moi, jouait dehors au catch-ball avec les enfants du voisinage. Il pensait que le parasite qui vivait au premier étage était complètement idiot ou fou: il me faisait entendre des paroles qui sentaient un sermon d'adulte. Comme il n'était pas dans ma nature de pouvoir le contredire, je prenais un air fatigué ou approbateur; j'inclinais la tête de côté et j'obéissais. Ce commis était un fils naturel de Shibuta, mais, chose étrange, ils ne se donnaient pas les noms de père et de fils; de plus, comme on savait dans le voisinage que Hirame avait toujours été célibataire, il devait avoir certaines raisons pour cacher sa paternité aux voisins. Auparavant, j'avais entendu dans ma famille des rumeurs à ce sujet, mais, après tout, comme les affaires des autres ne m'intéressaient guère, je ne savais rien de bien précis.

Toutefois, ce commis avait des yeux qui rappelaient étrangement ceux d'un poisson; il était possible qu'il fût vraiment un fils naturel de Hirame. En tout cas, ce père et ce fils vivaient très retirés. Le soir, tard, en se cachant de moi qui me trouvais au premier étage, tous deux faisaient venir du vermicelle de sarrasin qu'ils mangeaient en silence.

Un soir de la fin du mois de mai, Hirame avait-il trouvé une opération fructueuse qu'il n'attendait pas, ou bien avait-il inventé une combinaison quelconque (même si ces deux conjectures étaient exactes, il est possible qu'il y eût d'autres petites causes qui n'avaient rien à faire avec ces hypothèses), il m'invita, à ma grande surprise, dans la pièce sous l'escalier. Sur la table se trouvaient des bouteilles de saké et des tranches de poisson cru, non pas de sole mais de thon. J'admirai le festin, je louai le maître de maison qui offrit un peu de saké au parasite oisif.

— En définitive, qu'avez-vous l'intention de faire dorénavant ?

Je ne répondis rien. Sur une assiette se

dressait une pile de sardines sèches; j'en saisis quelques-unes et regardai attentivement les yeux argentés de ces petits poissons. Je pensais avec regret au temps où j'errais à l'aube, ivre; je regrettais même Horiki. Je regrettais profondément la liberté et tout à coup je me mis à pleurer doucement.

Depuis mon arrivée dans cette maison, je n'avais même pas eu l'occasion de jouer le bouffon; je me trouvais placé entre le mépris de Hirame et celui de son commis. De son côté, Hirame semblait éviter une longue conversation franche avec moi; moi non plus, je n'avais pas envie de courir après lui pour me plaindre; j'avais à peu près l'air d'un parasite imbécile.

— Le sursis aux poursuites est une mesure qui perd son effet quand une personne qui a déjà été inculpée récidive. Dans ces conditions, vous devez avoir à cœur de vivre une vie nouvelle. Si vous vous amendez, si de votre côté vous voulez sérieusement parler de cette question avec moi, j'y réfléchirai aussi.

Dans la manière de parler de Hirame — je devrais dire dans la manière de parler de tous les hommes de la terre —, je trouvais des points obscurs, des complications subtiles prêtes à servir d'échappatoires. Ses précautions rigoureuses, inutiles à mon avis, ses innombrables stratagèmes agaçants, m'ennuyaient. Je me disais : faites ce que vous voulez, cela m'est égal, ou je me raillais de tout cela; ou encore j'acquiesçais en silence, comme pour dire : je m'en remets complètement à vous; en d'autres termes, je prenais l'attitude de la défaite. Plus tard, apprenant que si Hirame m'avait parlé simplement, tout aurait été réglé sans difficulté, mon âme s'attrista des précautions inutiles de Hirame et, plus généralement, de la vanité incompréhensible et du souci de sauver les apparences que montrent tous les hommes.

Hirame aurait dû me dire ceci :

« Que ce soit dans un établissement du gouvernement ou dans un établissement privé, à partir d'avril vous entrerez dans une école. Pour vos dépenses de la vie courante, il viendra du pays suffisamment d'argent du moment que vous serez entré dans une école. »

Longtemps après, j'ai compris. La situation était bien celle-là : je n'aurais eu qu'à me conformer à ces indications. Cependant les longs détours précautionneux que prit Hirame et que je détestais eurent pour effet de donner à ma vie une orientation nouvelle toute différente.

— Si vous n'avez rien de sérieux à me proposer, il n'y a rien à faire.

— A vous proposer !

Je n'avais rien trouvé en vérité.

— C'est probablement que vous cachez quelque chose ?

— Quoi donc ?

— Eh bien, qu'avez-vous envie de faire ?

— Est-ce que je pourrais travailler ?

— En somme, quelles sont vos intentions ?

— Vous avez parlé de ma rentrée à l'école...

— Il vous faut de l'argent. Cependant la question n'est pas là. Elle est dans vos intentions.

Puisque l'argent devait venir du pays, pourquoi, entre autres choses, n'en parlait-il pas ? Tandis qu'un mot aurait suffi à me fixer, je restais dans le vague le plus absolu.

— Qu'est-ce que vous pensez ? Avez-vous exprimé un désir quelconque pour votre avenir ? Ceux qui ont été aidés dans la vie ont peine à comprendre combien il est difficile à un homme seul d'aider les autres.

— Excusez-moi.

— C'est cela qui, en vérité, me donne du souci. Puisque j'ai accepté de vous recueillir, je désire que vous ne restiez pas dans une disposition d'esprit aussi flottante.

Je veux vous enseigner le moyen de marcher droit vers une renaissance brillante. Si vous venez me demander de discuter avec vous une proposition sérieuse touchant l'orientation future de votre vie, vous me trouverez prêt à vous répondre. Toutefois, ce serait une aide de Hirame, un homme pauvre; si vous désiriez le luxe d'autrefois, vous vous tromperiez. Mais si votre résolution est ferme, si la direction que vous voulez donner à votre vie est clairement fixée et si vous me consultez, je suis disposé à vous aider à refaire votre vie, même si je ne le puis que peu à peu. Vous me comprenez ? Voilà mon idée. En définitive, quelles sont vos intentions ?

— Si je ne puis vivre dans cette chambre du premier, travailler...

— Parlez-vous sérieusement ? A l'heure actuelle, même en sortant de l'Université impériale...

— Non, il ne s'agit pas de devenir un salarié.

— Alors quoi ?

— La peinture..., dis-je résolument.

— Ah bah !

Je ne puis oublier le reflet de fourberie qui se dégageait à ce moment du visage de Hirame, riant le cou enfoncé dans les épaules. Dans ce rire il y avait du mépris sans doute, mais autre chose encore. De même qu'en mer on cherche à sonder certains endroits d'une profondeur inconnue, de même ce sourire cherchait à sonder les profondeurs de la vie d'un homme.

— Dans tout ceci, les paroles ne mènent à rien. Vos intentions n'ont aucune fermeté. Réfléchissez. Réfléchissez sérieusement ce soir...

Après avoir entendu ces propos, je montai au premier étage comme si j'étais poursuivi. Je me mis au lit, mais aucune idée particulière ne vint flotter dans mon esprit. Alors, au petit jour, je m'enfuis de la maison de Hirame.

« Je rentrerai ce soir sans faute. Je vais chez un ami dont le nom est écrit ci-dessous, pour parler avec lui de l'orientation à donner à ma vie dans l'avenir. Ne vous inquiétez donc pas. » Voilà ce que j'écrivis au crayon en gros caractères sur une feuille de papier à lettres. Puis j'indiquai le nom, le prénom et l'adresse de Horiki Masao à Asakusa et c'est là-dessus que, au jour naissant, je quittai furtivement la maison.

Le sermon que j'avais reçu de Hirame n'était pas la raison pour laquelle je m'étais enfui, le cœur en peine. Sincèrement, ainsi que le disait Hirame, j'étais sans volonté, sans but dans la vie. De plus, je plaignais

Hirame d'avoir le tracas de me donner l'hospitalité. Si, par un grand hasard, je prenais une détermination, la pensée de recevoir des mensualités de ce pauvre Hirame pour m'aider à refaire mon existence m'était absolument insupportable.

Cependant, ce n'était pas en pensant sérieusement à aller discuter de l'orientation de ma vie future avec un homme tel que Horiki que j'avais quitté la maison de Hirame. En laissant ma lettre, je désirais rassurer un peu Hirame, ne fût-ce qu'un moment. (J'aurais pu écrire dans cette lettre que je m'enfuyais au loin, en imitant un thème de roman policier; j'ai eu obscurément envie de le faire; mais il est plus exact de dire que j'ai craint de causer un choc à Hirame, de le plonger dans la confusion et le souci. De toute manière il était fatal que l'on découvrît la vérité. En raison de ma déplorable disposition d'esprit, j'aurais eu peur qu'en enjolivant mon histoire le monde me méprisât en m'appelant « menteur »; aussi ai-je fort peu masqué la vérité en me disant que je n'en aurais tiré à peu près aucun profit. Pourtant, j'avais peur de suffoquer si j'abandonnais mon atmosphère de bouffon. Tout en sachant que cela ne tournerait pas à mon avantage, j'étais poussé par mon caractère de bouffon désespéré à un jeu mal venu, faible, dont je devinais à l'avance l'inutilité, et dans la plupart des cas j'ajoutais inconsciemment à la vérité un mot de mon invention. Ceux que le monde appelle les « gens honnêtes » ont grandement mis à profit cette disposition d'esprit.)

C'est alors que j'écrivis d'un trait, sur un morceau de papier à lettre, le nom et l'adresse de Horiki tels qu'ils m'étaient venus tout à coup à l'esprit.

Après avoir quitté la maison de Hirame, j'allai à pied jusqu'à Shinjuku; je vendis un livre que j'avais sur moi. Puis, tout de même, j'étais perplexe. J'entretenais avec tout le monde des relations courtoises, mais pas une seule fois je n'avais eu l'expérience d'une amitié. En dehors de compagnons de fête comme Horiki, les personnes que je connaissais ne me rappelaient que des souffrances; pour amoindrir ces souffrances, je jouais le bouffon avec ardeur mais je sortais de là exténué. Si je rencontrais dans la rue un visage que je connaissais un peu, ou même que je croyais seulement connaître, je tressaillais, j'étais saisi d'un tremblement et d'une sorte de vertige; même si j'étais aimé de cette personne, j'étais incapable de l'aimer moi-même. (D'ailleurs, suis-je ou non capable d'aimer quelqu'un au monde ? C'est une question que je me suis souvent posée.) Des gens tels que moi ne peuvent se lier intimement. J'étais même incapable de faire des visites. La porte d'une personne me mettait plus mal à mon aise que si elle avait été la porte de l'enfer de la *Divine Comédie*; derrière cette porte, j'imaginais des bêtes inconnues, puantes, semblables à des dragons effrayants qui grouillaient; je peux dire sans exagérer que cette sensation était pour moi réelle.

Je n'ai de relations avec personne. Il n'y a personne que je puisse aller voir.

Horiki.

D'une parole en l'air allait sortir une décision sérieuse. J'avais écrit, dans la lettre laissée à mon départ, que j'irais voir Horiki à Asakusa. Jusque-là je n'étais jamais allé chez lui. Généralement c'est par télégramme que je le faisais venir. Aujourd'hui, découragé parce que je n'avais pas de quoi payer les frais d'un télégramme, souffrant de mon sentiment d'infériorité, je pensai que Horiki recevant simplement un télégramme ne viendrait peut-être pas à mon appel. Je décidai d'aller chez lui faire une visite qui me coûtait. En soupirant, je pris le tramway de ville. Pour moi, n'était-ce pas là l'unique planche de salut qui me restait au monde ? Mes nerfs étaient si désagréablement tendus que j'avais froid dans le dos.

Horiki était chez lui, au premier étage d'une maison située au fond d'une vieille rue sale. Il n'y occupait qu'une seule pièce de six nattes. Au rez-de-chaussée, ses vieux parents et un jeune ouvrier fabriquaient à eux trois des lanières pour socques qu'ils coupaient et aplatissaient.

Ce jour-là Horiki me montra un visage nouveau de citadin. Il avait un air astucieux, débrouillard. Au provincial que j'étais, qui regardait de ses yeux étonnés, il opposa un égoïsme froid, rusé. Il ne se montra pas disposé à se dépenser en longs propos.

— Tu m'as bien étonné ! Ton père t'a donné son autorisation, ou non ?

Je ne lui avais pas dit que j'étais venu après m'être enfui. Suivant mon habitude, je mentis. Horiki allait bientôt connaître la vérité, mais je mentis.

— Alors, qu'est-ce que tu fais ?

— Oh ! Je n'ai pas le temps de m'amuser, tu sais. Tu vas te moquer, mais la noce, pour le moment, c'est fini. Aujourd'hui, je suis pris par des affaires ! Ces temps-ci je suis occupé à un point...

— Des affaires ? De quel genre ?

— Dis-moi... N'arrache donc pas les fils de ton coussin !

Tout en parlant, je m'amusais à tirer du

bout des doigts les fils des coutures du coussin sur lequel j'étais assis, je tirais inconsciemment les tresses de ses coins. Horiki tenant aux objets de la maison Horiki, en particulier à un fil de coussin, s'était mis en colère sans aucune honte et me grondait. Jusque-là il n'avait pas changé ses rapports avec moi.

La vieille mère de Horiki apporta sur un plateau deux bols de purée sucrée de haricots contenant des morceaux de riz pilé.

— Oh ! Qu'apportez-vous ?

En fils plein de piété filiale, il s'était tourné vers sa mère dans une attitude de gratitude et d'humilité et il s'exprimait en un langage d'une politesse affectée.

— Je suis confus. C'est de la pâte de haricots sucrés ? C'est du luxe ! Il ne fallait pas vous donner tant de peine. Vous êtes occupée et pourtant vous êtes sortie. Il ne fallait pas ! Non, je ne mérite pas cette gâterie. Je vous remercie. Prends ce bol : mère l'a préparé tout exprès. Ah ! C'est excellent ! Somptueux !

Ainsi, d'une manière assez théâtrale, il manifestait sa joie avec véhémence et mangeait comme si cela avait été bon. Moi, j'avais humé mon bol; la purée sentait l'eau tiède; je goûtai au riz pilé, or ce n'en était pas; c'était une préparation qui m'était inconnue. Je n'eus aucun mépris pour ce médiocre aliment. (A ce moment je ne pensais pas à ce manque de saveur; la sollicitude de la vieille mère me touchait; si la médiocrité du mets me faisait peur, elle ne m'inspirait pas de mépris.) Par cette sucrerie, dans la joie manifestée par Horiki, j'avais découvert ce qu'était la vie dans une famille de Tôkyô, la frugalité des citadins. Moi, l'esprit simple, qui ne cessais de fuir sans cesse la vie intérieure et extérieure de mes semblables, j'étais déconcerté en me voyant complètement délaissé; Horiki lui-même m'abandonnait. Je note maintenant que, tout en me servant de baguettes laquées dont le vernis s'écaillait, pour manger ma purée de haricots sucrés, mon esprit était rempli de pensées anxieuses, misérables et insupportables.

— Je suis désolé, mais aujourd'hui j'ai à faire, tu sais..., me dit Horiki, en se levant et enfilant son manteau.

— Je te dis au revoir. Désolé, mais...

A ce moment, Horiki reçut la visite d'une femme. Pour moi, ce fut l'occasion d'un changement brusque dans ma vie.

Horiki s'adressa à elle, d'une voix brusquement animée :

— Je vous demande pardon. Aujourd'hui j'avais l'intention de passer pour vous voir, mais ce monsieur est venu à l'improviste. Bah ! Cela ne fait rien. Je vous en prie...

D'un geste vif, il m'arracha le coussin sur lequel j'étais assis, le retourna sens dessus-dessous et le poussa vers la visiteuse. Dans sa chambre, Horiki n'avait qu'un coussin unique pour ses hôtes.

La femme était grande et mince. Elle poussa de côté le coussin et s'assit près de la porte.

L'air absent, j'écoutai la conversation. La femme était probablement employée chez un éditeur de revues et il me parut qu'elle avait déjà demandé à Horiki le reçu du règlement d'un litige ou de je ne sais quoi; elle venait le chercher.

— C'est pressé...

— Il est prêt. Il est prêt depuis longtemps. Le voici, veuillez le reprendre.

Un télégramme arriva.

Horiki le lut. Son visage, qui était de bonne humeur, se rembrunit à l'instant.

— Oh ! Oh ! Qu'est-ce que tu as donc fait ?

C'était un télégramme de Hirame.

— En tout cas, tu vas t'en retourner tout de suite ! Je crois que je devrais te reconduire chez lui, mais moi, en ce moment, je n'en ai pas le temps. Tu es parti en fugue et tu ne t'en fais pas !

— De quel côté habitez-vous ?

— Okubo, répondis-je.

— Alors comme c'est près de ma Société...

Cette femme était née dans la province de Kai; elle avait vingt-huit ans. Avec une petite fille de cinq ans, elle habitait dans les nouveaux logements à bon marché de Kôenji. Elle me dit qu'elle était veuve depuis trois ans.

— Vous me paraissez avoir donné des soucis à ceux qui vous ont élevé. Faites bien attention. Vous faites un peu pitié.

Au début, je vécus comme un homme entretenu. Après le départ de Shizu-ko (ainsi s'appelait cette journaliste) pour son travail aux bureaux d'une revue, à Shinjuku, Shige-ko, sa petite fille de cinq ans, et moi nous gardions tranquillement l'appartement. Jusque-là, en l'absence de sa mère, Shige-ko jouait dans la chambre du portier avec le vieux Kinokiku comme camarade de jeu; elle était très gaie.

Une semaine plus tard, j'étais encore là, oisif. Tout près de la fenêtre, un cerf-volant représentant un domestique de la noblesse s'était enroulé autour d'un fil électrique. Le vent poussiéreux du printemps l'avait déchiré, mais il restait obstinément attaché au fil et à chaque coup de vent il s'inclinait en avant comme pour acquiescer à des ordres. En le regardant j'avais un sourire amer; je rougissais; ce spectacle devenait un cauchemar.

— Je voudrais de l'argent...

— Combien à peu près ?

— Beaucoup... Pas d'argent, pas d'amour, dit-on. C'est vrai, tu sais.

— C'est stupide. C'est démodé...

— Tu crois ? Toi, tu ne peux comprendre. Dans la situation où je me trouve, je ne sais si je ne ferais pas bien de m'en aller.

— Où donc ? Partout, tu seras pauvre. Et puis, où iras-tu ? Tu es incompréhensible.

— Si on me donnait de l'argent, j'aurais envie d'acheter du saké, du tabac. Quant à la peinture, je veux faire mieux que Horiki et autres.

A ce moment, ce qui me revenait en tête, c'était le portrait de moi-même que j'avais dessiné en plusieurs exemplaires au temps du lycée et que Takeichi appelait les « portraits du bouffon ». Chefs-d'œuvre perdus. Au cours de mes fréquents déménagements, ils avaient été perdus, mais je m'imaginais qu'ils étaient excellents. Depuis, j'ai eu beau en peindre beaucoup d'autres, ceux-ci sont restés infiniment loin des chefs-d'œuvre dont je me souvenais. Je manquais de flamme et le sentiment d'une déchéance ne me quittait pas.

Le reste d'un verre d'absinthe...

C'est par cette image que je me représentais cette déchéance dont il était impossible de remonter la pente. Dès qu'on parlait peinture, ce reste d'absinthe au fond d'un verre luisait devant mes yeux. Ah ! J'aurais voulu montrer ces peintures à cette femme, la convaincre de mon talent; je souffrais atrocement de cette impatience.

— Ah ! Ah ! Sait-on jamais ? dit-elle en riant. Vous êtes grave. Vous plaisantiez, c'était gentil...

Je ne plaisantais pas. Je disais la vérité. Oui, j'aurais voulu montrer ces peintures. Brusquement je changeai d'idée. J'abandonnai la partie.

— C'étaient des caricatures ! Au moins, comme caricaturiste je veux être plus fort que Horiki !

Ces paroles d'un bouffon rompu à duper les autres furent, elles, prises au sérieux.

— Eh bien, moi aussi, j'ai vraiment de l'admiration pour vous. Les caricatures que vous faites toujours pour Shige-ko me font pouffer de rire. Si vous essayiez ? Je demanderai au chef de rédaction de notre maison d'édition de les publier.

Dans les bureaux de cette revue dont je

ne sais plus trop le nom et qui s'adressait aux enfants, on faisait paraître un numéro mensuel.

... Dès qu'elles vous voient, la plupart des femmes sont prêtes à faire n'importe quoi pour vous, à un point qui en est insupportable... Moi, toujours craintif, je tourne alors les choses en plaisanterie... Parfois, seul, je sombre dans une dépression terrible, mais cet état excite encore plus le cœur des femmes.

Shizu-ko me donnait beaucoup d'encouragements, mais je me disais que ma position présentait tous les signes de celle d'un homme entretenu et je m'enfonçais encore plus dans mes humeurs noires. D'autre part, ma santé ne s'améliorait pas. De l'argent d'une femme... j'avais secrètement l'idée de m'éloigner de Shizu-ko, de pourvoir à mes propres besoins, de travailler de mes mains. Or, au contraire, j'en arrivais à dépendre de plus en plus de Shizu-ko. Les circonstances, et bien d'autres choses, ont fait qu'après avoir quitté la maison j'ai reçu à peu près tous mes moyens d'existence de cette femme de la province de Kai, supérieure à l'homme que je suis. Il en est résulté fatalement que je me suis trouvé encore plus intimidé vis-à-vis de Shizu-ko.

Grâce à elle, une conférence réunit

Hirame, Horiki et elle-même. Mes relations avec la famille au pays natal étaient complètement rompues. Aux yeux de tout le monde nous vivions sous le même toit, Shizu-ko et moi, comme mari et femme. Shizu-ko n'épargnait pas sa peine pour vendre — chose inespérée — mes caricatures et m'acheter avec cet argent du saké et du tabac. Cependant ma tristesse et mon découragement se faisaient toujours plus profonds. Je sombrais déjà, mais ce qui me fit couler à fond c'est qu'en dessinant pour la revue de Shizu-ko une bande mensuelle de caricatures intitulée : « Les aventures de Kinta-san et d'Ota-san », le souvenir me revint tout à coup de la maison familiale au pays. Ressentant toute ma misère, je ne pouvais plus tenir ma plume et, baissant la tête, je pleurai.

Celle qui me fut d'un faible secours à ce moment fut Shige-ko. Sans difficulté elle m'appela « papa ».

— Papa, est-il vrai que, lorsqu'on le prie, Dieu vous accorde tout ?

J'aurais bien voulu faire une telle prière.

Ah ! Donnez-moi une volonté froide. Faites-moi connaître la vraie nature de l'homme. Quand un homme bouscule un autre homme pour l'écarter de son chemin, n'est-ce pas un péché ? Donnez-moi le masque de la colère.

— Eh bien... il accorde probablement à Shige-ko tout ce qu'elle demande, mais pour papa il ne doit pas en être de même.

J'avais peur, même de Dieu. Je ne croyais pas que Dieu nous aime, je ne croyais qu'à ses châtiments. La foi. Je me figurais qu'avoir la foi c'était simplement croire qu'il fallait se présenter devant le tribunal de Dieu pour être jugé. Je croyais à l'enfer, mais j'avais beau faire, je ne croyais pas au ciel.

— Pourquoi n'en est-il pas de même ?

— Parce que j'ai désobéi à mes parents.

— Est-ce vrai ? Mais tout le monde dit pourtant que papa est tout à fait un homme comme il faut.

C'est parce que je trompais mes semblables. Je savais que tous, dans l'immeuble, me témoignaient de la sympathie, mais comme j'avais peur d'eux ! J'étais aimé dans la mesure où j'avais peur, et alors, être aimé, avoir peur dans la mesure où l'on est aimé, quel dilemme ! Je devais me tenir loin des autres. Cette habitude morbide, je pouvais très difficilement l'expliquer à Shige-ko.

— Shige-ko, tu sais, Shige-ko voudrait un vrai papa.

Je reçus un choc qui me donna le vertige.

Ennemis. Etais-je l'ennemi de Shige-ko ? Shige-ko était-elle mon ennemie ? Quoi qu'il en soit, ici aussi il y avait un adulte abominable qui me menaçait, une personne étrangère, incompréhensible, une personne voilée de mystère. Le visage de Shige-ko m'apparut brusquement sous ce jour.

Je pensai seulement à Shige-ko, mais il y avait un homme par derrière, cet homme semblable à « la queue du bœuf qui tue brusquement le taon ». Depuis ce moment, je devais trembler même devant Shige-ko.

— Le Don Juan est-il là ?

C'était Horiki qui venait me voir. Au lieu de l'homme qui m'avait abandonné dans une telle détresse le jour où j'avais quitté la maison, c'était un Horiki vaguement souriant qui venait à moi sans que je puisse m'y opposer.

— Tes caricatures sont devenues très populaires, semble-t-il. Des œuvres d'amateur, mais on y reconnaît un esprit audacieux que rien n'arrête; il n'y a qu'à s'incliner. Cependant, attention ! Le dessin est faible !

Il prenait une attitude de grand professeur. Si je montrais à cet animal les dessins du « bouffon », quelle tête ferait-il ? pensai-je, le cœur torturé.

— Ne dis pas cela ! Je vais crier de détresse ! dis-je, en entendant Horiki, de plus en plus exalté, proclamer :

— De tout ce qui a un talent mondial, un jour, il ne restera que des lambeaux !

Un talent mondial... Il ne pouvait vraiment me venir qu'un sourire amer. Pourtant, ceux qui ont peur comme moi de leurs semblables, qui les évitent, les dupent, sont-ils faits autrement que ceux qui suivent les préceptes du savoir-vivre, intelligents et malicieux, que résume le proverbe : « Tiens-toi à distance et il ne t'adviendra rien. » Deux hommes ne se comprennent pas entre eux. Même s'ils voient qu'ils se sont totalement trompés sur le compte l'un de l'autre, ils vivent toute leur vie sans y attacher d'importance en se voulant amis intimes et, quand l'un des deux meurt, l'autre pleure, se répand en condoléances.

Horiki ayant été témoin des circonstances qui suivirent mon départ de la maison, n'était-il pas le grand artisan de mon retour à la vie ? Il se conduisit comme tel, prenait des airs raisonnables, me sermonnait. Puis, en pleine nuit, ivre, il me faisait visite et couchait chez moi, ou bien il partait après m'avoir emprunté cinq yens. (Cinq yens, c'était son tarif !)

— Maintenant tu as cessé de courir après

les femmes. C'est que, dorénavant, le monde ne te le permettrait plus.

Le monde, en fait, qu'est-ce que c'est ? Est-ce l'ensemble des individus ? Où se trouve « le monde » dont il parle ? Quoique j'eusse vécu jusque-là en pensant que Horiki était un homme fort, rigide, terrible, lorsque je l'entendis parler de la sorte j'eus envie de lui dire :

— Mais le monde, est-ce que ce n'est pas toi ?

J'avais ces paroles sur le bord de la langue, mais, ne voulant pas mettre Horiki en colère, je me retins.

— Cela, le monde ne le permet pas.

— Ce n'est pas le monde. N'est-ce pas toi qui ne le permets pas ?

— Quand on a fait une chose pareille, on reçoit du monde une terrible leçon.

— Ce n'est pas du monde, c'est de toi.

— Le monde ne tarde pas à vous enterrer.

— Ce n'est pas le monde, c'est toi qui veux m'enterrer !

Je ruminais au fond de moi toutes ces paroles et d'autres encore, mais je me bornais à essuyer avec mon mouchoir un visage couvert de sueur.

— C'est de la sueur froide... une sueur froide..., me contentai-je de dire en souriant.

Depuis ce moment j'eus toujours dans l'esprit cette pensée : le monde, n'est-ce pas un individu ?

Alors, ayant commencé à en être convaincu, j'avais pu, beaucoup plus que par le passé, me comporter à ma guise. D'après Shizu-ko j'étais devenu assez fantaisiste, ma timidité avait disparu. Selon Horiki, j'étais devenu étonnamment mesquin. Au dire de Shige-ko, je ne la cajolais plus guère.

En silence, sans sourire, jour après jour, tout en gardant Shige-ko je travaillais à des bandes de caricatures, soit aux « Aventures de Kinta-san et d'Ota-san », soit au « Bonze impassible » qui était avec évidence inspiré du « Papa sans souci », ou encore au « Petit impatient », tous titres que je donnais en désespoir de cause. C'étaient des caricatures que je dessinais pour satisfaire aux demandes de divers éditeurs (peu à peu des commandes m'étaient venues de sociétés autres que celle de Shizu-ko, mais qui lui étaient inférieures, des éditeurs de troisième ordre). Je me trouvais dans une disposition d'esprit des plus mélancoliques et je dessinais tout doucement, avec une extrême lenteur. Je dessinais uniquement pour boire. Dès que Shizu-ko était revenue de son bureau et assurait la relève de l'enfant, je sortais sans perdre un instant, j'allais dans le voisinage de la gare de Kôenji; je buvais du saké bon marché et fort chez un marchand ambulant ou au comptoir d'un bar et, un peu de gaieté au cœur, je rentrais à l'appartement.

— Plus je te regarde, plus je te trouve un drôle d'air. Le visage du Bonze impassible que je dessine a emprunté quelque chose à ton visage endormi.

— En fait de visage endormi, le vôtre fait rudement vieux. On vous donnerait quarante ans.

— C'est ta faute ! Tu m'as usé jusqu'à la moelle.

— Ne faites pas de scène et allez dormir. Voulez-vous dîner ?

Calmé, je ne lui tins pas tête.

— S'il y avait du saké, je boirais. « L'eau s'écoule, la vie de l'homme passe. Vivez sans souci, les saules du bord de la rivière... »

Tout en chantant, je me laissai déshabiller par Shizu-ko. Je m'endormis, le visage enfoncé dans sa poitrine; c'était mon habitude.

Le lendemain répète la veille,
Il faut qu'aujourd'hui je fasse comme hier.

Si j'évite une joie déchaînée,
Alors je n'éprouverai pas une grande
[tristesse.
D'une pierre qui encombre le chemin,
Le crapaud fait le tour et passe.

Lorsque je découvris ces vers de Guy Charles Cros dans une traduction d'Ueda Bin, mon visage rougit comme s'il était en feu.

Un crapaud.

(Ce crapaud, c'est moi. Peu importe si le monde permet ou ne permet pas, s'il vous enterre ou ne vous enterre pas. Je suis un animal inférieur à un chien ou à un chat. Un crapaud. Je ne peux me mouvoir que lentement.)

La quantité de saké que je buvais augmentait peu à peu. Ce n'est pas seulement à côté de la gare de Kôenji que je buvais, mais j'allais jusqu'à Shinjuku, jusqu'à Ginza, pour boire. Il m'arrivait de découcher; seulement, ce qui n'était pourtant pas dans mes habitudes, au bar je prenais des airs de vaurien, je donnais des séries de baisers, enfin je devins comme avant ma tentative de suicide, ou plutôt plus qu'avant cet événement, un ivrogne grossier. Comme j'étais à court d'argent, j'en vins à emporter les vêtements de Shizu-ko pour les vendre.

Un an s'était écoulé; après avoir donné un sourire amer à l'esclave de l'amour tombé bien bas, à l'époque où les cerisiers avaient perdu leurs fleurs, j'emportai furtivement des ceintures et des chemises appartenant à Shizu-ko; je les engageai au mont-de-piété. Avec l'argent que je me procurai ainsi, j'allai boire à Ginza; je découchai deux soirs de suite, puis, le troisième soir, pensant que décidément les choses ne pouvaient continuer ainsi, inconsciemment et en étouffant le bruit de mes pas, j'arrivai à la porte de la chambre de Shizu-ko et alors j'entendis à l'intérieur une conversation entre la mère et l'enfant.

— Pourquoi boit-il du saké ?

— Tu sais, ce n'est pas parce que papa aime le saké qu'il en boit. C'est un homme très bien, alors...

— Les hommes très bien boivent du saké ?

— Pas forcément, mais...

— ... Papa, c'est sûr : il va être surpris !

— Peut-être qu'il ne l'aimera pas.

— Oh ! Oh ! Il a sauté de la boîte !

— Il ressemble au « Petit impatient », hein ?

— Oui, n'est-ce pas ?

J'entendis Shizo-ku partir franchement d'un rire heureux. J'entrebâillai la porte et regardai : c'était un petit lapin blanc. Pouf ! Pouf ! Il sautait dans la chambre, poursuivi par la mère et l'enfant.

(Ces êtres étaient heureux, en somme. Moi, pauvre, si je me mettais entre elles deux, je ne leur apporterais que le désordre. Un bonheur humble. De braves gens, cette mère et cette enfant. Si Dieu daigne écouter la prière d'un être tel que moi, dis-je, je le supplie de leur donner le bonheur, pour une fois.)

J'avais envie de m'accroupir et d'applaudir. Doucement je fermai la porte, puis j'allai à Ginza et je ne suis plus jamais retourné à cet appartement.

Alors, au premier étage d'un bar voisin de Kyôbashi je menai la vie oisive d'un homme entretenu.

Le monde. Dans une certaine mesure j'eus l'impression que je commençais vaguement à le comprendre. Dans la lutte d'un individu contre ses semblables, l'individu doit vaincre. L'homme ne cède pas à l'homme. L'esclave lui-même rend les coups, à sa manière, comme le peut un esclave. Tout en proclamant qu'il y a des obligations morales entre les hommes, celui que l'on s'efforce d'atteindre c'est l'individu et toujours l'individu. La difficulté de comprendre le monde, c'est la difficulté de comprendre les individus. Après avoir eu peur des fantômes innombrables créés, non par le monde, mais par les individus, je n'étais plus, comme auparavant, en proie à l'anxiété où me plongeaient toutes choses. Prêt à faire face aux nécessités de l'heure, j'agissais avec une certaine audace.

Ayant abandonné l'immeuble de Kôenji, je dis à la patronne du bar de Kyôbashi :

— J'ai divorcé !

Je n'en dis pas davantage, mais par là je mis un point final à la lutte. A partir de ce soir-là, je vécus dans une chambre où je menai une vie de désordres. Pourtant le « monde » qui, dans mon imagination, eût dû être féroce à mon égard, ne me causa aucune misère; de plus, je ne lui donnai aucune explication. La patronne étant d'accord, tout était pour le mieux.

Je passai pour un habitué du lieu; pour certains j'étais le patron, pour d'autres un garçon de courses; ou bien on pensait que j'étais un parent; personne ne pouvait préciser ma situation mais personne ne s'étonnait. Les habitués du bar m'appelaient : Yô-tchan ! Yô-tchan ! Ils me traitaient avec une parfaite gentillesse et m'offraient à boire.

Peu à peu je fis de moins en moins attention au monde et pensai que ce n'était pas un milieu si terrible que je l'avais cru. Ce qui me faisait peur jusqu'ici, c'étaient les myriades de microbes de la coqueluche que souffle le vent de printemps, les myriades de microbes qui, dans les bains publics, causent la perte de la vue, les myriades de microbes de l'alopécie chez le coiffeur, les colonnes de sarcoptes logées dans les courroies de suspension des tramways, les larves de ténia, les œufs de distome et de je ne sais quoi encore qui se cachent dans le poisson cru ou dans la viande crue de bœuf ou de porc, ou encore un petit éclat de verre qui, ayant pénétré dans la plante du pied nu, circule dans le corps et rencontre l'œil, occasionnant la perte de la vue; c'était tout ce qu'on pourrait appeler « les superstitions inventées par la science » qui me faisaient peur. Certainement, il est scientifiquement reconnu que des myriades de microbes flottent et grouillent autour de nous. En même temps, je savais que si l'on ne faisait aucune attention à leur existence, ces « superstitions » ne seraient rien de plus que d'imaginaires « spectres agités par la science ». On laisse trois grains de riz dans la boîte à repas froid; si des millions de personnes laissent chaque jour trois grains, combien de sacs de riz sont ainsi gaspillés ? Ou bien : si dix millions de personnes économisent un mouchoir de papier par jour, combien de pâte à papier gagnera-t-on ? Je me sentais intimidé chaque fois que je laissais un grain de riz ou chaque fois que je me mouchais. Je souffrais de voir, en imagination, une montagne de riz, une montagne de pâte à papier gaspillées. J'avais obscurément l'impression de commettre une faute grave. Je ne recueillais pas mes trois grains de riz, mais au moyen de ces « mensonges de la science », de ces « mensonges des statistiques », de ces « mensonges des mathématiques », je faisais des multiplications et des divisions en me posant des problèmes stupides tels que ceux-ci : quelle était la probabilité pour qu'un homme entrant dans une latrine dépourvue d'électricité et sombre, posant le pied dans le trou, tombât, ou bien : parmi les voyageurs qui se pressent pour monter dans le tramway, combien mettent le pied entre la porte et le bord du trottoir ? Bien que pareilles choses puissent arriver, je n'ai jamais entendu parler d'un accident survenu à une personne qui enjambait le trou d'une latrine. Je me fis pitié, au point d'en sourire, en pensant que je m'étais mis en tête que de telles hypothèses étaient des vérités scientifiques, que je les avais acceptées en aveugle comme des réalités et que, jusqu'à la veille, je m'en étais effrayé; peu à peu j'apprenais à savoir ce qu'était le monde.

Je disais cela, cependant le monde me faisait encore peur; pour me trouver à l'aise vis-à-vis des clients du bar, il me fallait boire le saké à pleins verres. Je faisais une figure vraiment effrayante. Tous les soirs, je sortais du bar; de même qu'un enfant empoigne vigoureusement les petits animaux apeurés qui sont à sa portée, je m'adressais aux clients du bar pour les provoquer à de pauvres discussions d'ivrogne sur l'art.

Caricaturiste ! Ah ! Un caricaturiste inconnu, sans grande gaieté, sans grande tristesse. De toute manière, il serait temps, plus tard, de se livrer aux grandes tristesses. C'était une joie sauvage que je désirais, or ma joie, actuellement, était d'échanger des paroles oiseuses avec les clients pour boire le saké qu'ils m'offraient.

Il y avait plus d'un an depuis mon arrivée à Kyôbashi que je menais cette vie absurde. Je ne dessinais pas seulement des caricatures pour revues enfantines, mais j'en plaçais dans les revues grossières, obscènes, qu'on vend dans les gares; je dessinais aussi des nus indécents que je signais du pseudonyme Jôshi Ikita (dont les caractères peuvent se lire : « Le Suicidé par amour, vivant ») et qui encadraient ces quatrains [1] :

Cesse ces prières inutiles :
Tu rejetteras une source de larmes.
Allons ! Une coupe ! Rappelle-toi seulement ce que tu aimes,
Oublie les soucis superflus.

Ceux qui plongent les autres dans le trouble et la frayeur
Sont effrayés par les crimes atroces qu'ils ont commis eux-mêmes.
Si tu ne te prémunis pas contre la vengeance de la mort
Tu ne cesseras de ruminer des calculs.

Hier soir j'ai empli ma coupe et mon cœur s'est empli de joie.
Ce matin je me suis réveillé triste.
Comme il est étrange qu'en une nuit
Mon humeur ait ainsi changé.

Ne pense plus à la malédiction.
Comme une grosse caisse qui résonne au loin

1. Dans une note, Dazai dit qu'il a introduit ici ces roubayyat (le mot se trouve, en transcription, dans son texte) en les empruntant à une traduction japonaise. On pourrait croire qu'il s'agit des quatrains de Khéyam, poète persan de la fin du XIe sècle. Il n'en est rien; ce sont des vers « à la manière » de Khéyam.

Si tu comptes par un pet chacun de tes péchés
Tu ne seras pas soulagé.

La justice est-elle la boussole qui guide les hommes ?
Alors, sur un terrain rougi de sang
Par des épées d'assassins,
Où se loge la justice ?

Où y a-t-il un principe conducteur ?
Où existe la sagesse ?
Le monde peut être beau, il fait peur.
Les hommes faibles sont chargés d'un poids qu'ils ne peuvent porter.

En proie aux passions invincibles semées dans leur cœur,
Maudits au nom du bien comme du mal, du crime comme du châtiment,
Les hommes ne savent que faire et restent perplexes
N'ayant ni la force ni la volonté de combattre.

Dans quel domaine arrivons-nous ?
Quoi ? La critique ? L'examen ? La révision de la connaissance ?
Rêves vides, illusions sans fondement

— Vous avez oublié de boire — Tout cela, des idées de fou.

Regarde ce ciel infini,
Les points minuscules qui y sont répandus.
Comprends-tu comment la terre tourne ?
Ah ! Qu'elle tourne, qu'elle se déplace dans un sens ou dans l'autre, je m'en moque.

Je sens partout l'existence d'une force suprême.
En tous pays, chez tous les peuples
Je découvre la même nature humaine;
Ne dit-on pas que je suis un païen ?

Pourtant les autres hommes interprètent à faux les livres saints.
Ils croient qu'en dehors d'eux il n'y a ni sens ni sagesse,
Ils défendent les plaisirs de la chair, et du vin !
O ! Mustafa ! Comme je les déteste !

Il y eut pourtant à cette époque une vierge qui me pressa de ne plus boire.

— C'est très mal ! Vous êtes ivre à partir de midi.

C'était une fille de dix-sept ou dix-huit ans, vendeuse dans un petit débit de tabac situé en face du bar. Elle s'appelait Yoshi-tchan. Elle avait la peau blanche, une dent proéminente. Chaque fois que j'allais lui acheter des cigarettes, elle me réprimandait en souriant.

— Pourquoi pas ? Pourquoi est-ce mal ? S'ils buvaient tout le saké dont ils disposent, les hommes effaceraient la haine de la terre. On dit que dans la Perse ancienne, pour redonner de l'espoir à un cœur affligé, on buvait une coupe minuscule qui donnait une ivresse légère. Tu as compris ?

— Je ne comprends pas !

— Quel amour ! On l'embrasserait !

— Allez-y !

Sans la moindre honte elle avança sa lèvre inférieure.

— Espèce d'idiot ! Aucun sens de la pudeur !

Cependant les manières de Yoshi-tchan montraient clairement qu'elle était une vierge que personne n'avait approchée.

Vers la fin de l'année, un soir de froid intense, j'étais ivre; je venais d'acheter du tabac. Je tombai dans le regard devant la boutique. Je criai : « Yoshi-tchan ! Au secours ! » Elle me retira de là; elle me pansa le bras droit, puis elle me dit d'un ton sérieux, sans sourire :

— Vous buvez trop.

Il m'était indifférent de mourir, mais être

blessé, avoir une hémorragie, devenir infirme, tout cela me faisait horreur et, pendant que Yoshi-tchan me pansait ma blessure au bras droit, je me dis que j'avais peut-être de la chance.

— Je ne boirai plus ! Dès demain ! Plus une goutte.

— Vrai ?

— C'est sûr. Je ne boirai plus. Si je ne bois plus, Yoshi-tchan, veux-tu m'épouser ?

J'avais dit cela en l'air, par plaisanterie.

— Nature...

« Nature », c'était une abréviation pour « naturellement ». A cette époque on employait toutes sortes d'abréviations.

— Je donne ma tête à couper si je bois encore. Je ne boirai plus.

Le lendemain, à partir de midi, j'étais ivre de nouveau.

Vers le soir, titubant, je sortis et je me trouvai devant le débit de Yoshi-tchan.

— Yoshi-tchan, excusez-moi, j'ai bu.

— Oh ! Comme c'est vilain ! Je n'aime pas que vous fassiez semblant d'être ivre.

Je sursautai. J'eus l'impression de m'éveiller de mon ivresse.

— Hélas ! C'est vrai. C'est vrai que j'ai bu. Je ne fais pas semblant d'être ivre.

— Ne plaisantez donc pas. Les hommes sont mauvais.

Je n'en doutais nullement.

— Il n'est pas difficile de s'en apercevoir. Aujourd'hui encore, à partir de midi, j'ai bu. Excusez-moi.

— Vous jouez bien la comédie !

— Ce n'est pas une comédie. « Cet animal ! On l'embrasserait ! »

— Allez-y !

— Non, je n'y ai pas droit. Il faut aussi que je me résigne à ne pas t'épouser. Regarde mon visage... Je dois être rouge, d'avoir bu.

— C'est le soleil couchant qui vous a atteint la figure. Il ne faut pas chanter victoire. Vous avez fait une promesse hier. Vous n'auriez pas dû boire. Vous avez dit : « Je donne ma tête à couper... » Vous dites que vous avez bu : mensonge, mensonge !

Le visage pâle et souriant de Yoshi-tchan assise dans le débit plutôt sombre... Ah ! J'avais le respect de cette virginité pure de toute salissure. Jusque-là je n'avais jamais encore couché avec une vierge plus jeune que moi. « Je l'épouserai, quelles qu'en soient plus tard les conséquences ! Une fois dans sa vie il faut avoir une joie sauvage. La beauté de l'état virginal n'est qu'une illusion de poètes à la sentimentalité douceâtre. » Je pensais tout cela, mais pourtant, cette beauté était là, vivante; une fois mariés, le printemps venu, nous irions à bicyclette voir les jeunes feuilles près des cascades. Sur-le-champ je pris une résolution et c'est ainsi que je n'eus aucun scrupule à voler cette fleur.

Nous nous mariâmes bientôt. Les joies que j'ai éprouvées ne furent certainement pas très grandes. Pour les peines qui vinrent ensuite, le mot « cruelles » est au-dessous de la vérité; elles ont dépassé tout ce qu'on peut imaginer. Pour moi, le monde est insondable; c'est un lieu terrible. En prenant cette décision je n'avais rien simplifié.

2

Horiki et moi.

Si le mot camaraderie signifie se fréquenter en se méprisant, raconter sur soi des choses stupides, mes relations avec Horiki peuvent être qualifiées de camaraderie.

J'avais eu recours à la générosité de la patronne du bar de Kyôbashi (il peut paraître bizarre de parler de « la générosité » féminine, cependant mon expérience a été celle-ci : à la ville les femmes étaient beaucoup plus généreuses que les hommes; généralement les hommes, timides, se donnaient des apparences de générosité, puis ils se montraient ladres). Puis je m'étais marié de la main gauche avec Yoshi-ko, la vendeuse de tabac; j'avais loué, dans un lot d'immeubles en construction près de la Sumida, une chambre au rez-de-chaussée d'une maison en bois à un étage. Nous y habitions tous les deux; j'avais cessé de boire; tout doucement je m'étais remis avec application à mes caricatures. Le soir, après dîner, nous allions au cinéma; au retour nous entrions dans une maison de thé ou bien nous achetions une plante fleurie; j'écoutais les propos de cette jeune épousée qui, de tout son cœur, avait mis sa confiance entière en moi; j'avais plaisir à regarder ses mouvements. Est-ce que, par hasard, je ne pourrais pas devenir peu à peu un homme comme les autres, un homme qui ne serait plus hanté par l'idée d'une mort misérable ? C'est juste à ce moment, alors que mon cœur commençait à se réchauffer obscurément à cette douce pensée, que Horiki reparut de nouveau dans ma vie.

— Ce Yô ! Ce Don Juan ! Et avec cela, il vous a un air d'un raisonnable ! Aujourd'hui, une personne envoyée par la dame de Kôenji, tu sais...

Baissant brusquement la voix et indiquant du menton Yoshi-ko qui préparait le thé dans la cuisine, il me demanda :

— Pas de danger ?

— Cela m'est égal. Tu peux dire tout ce que tu voudras, répondis-je tranquillement.

En fait, Yoshi-ko était la confiance personnifiée. Je lui avais naturellement raconté mes relations avec la patronne du bar de Kyôbashi ; dans mon aventure de Kamakura elle ne doutait pas des relations que j'avais eues avec Tsune-ko. Sans que j'eusse besoin de recourir à mon habileté dans le mensonge, il avait suffi de quelques explications franches ; Yoshi-ko m'avait eu l'air d'écouter tout cela comme des futilités sans importance.

— On m'a apporté le message suivant : « Il boude encore. Mais quoi ? Il n'y a rien eu d'extraordinaire, n'est-ce pas ? Qu'il vienne donc de temps en temps me voir en passant à Kôenji. »

Au moment où je commençais à oublier, l'oiseau sinistre est venu battre des ailes autour de moi et il a donné du bec dans la plaie de la blessure des souvenirs. Subitement la honte du passé, la mémoire de mes fautes ont surgi devant mes yeux. En proie à une frayeur qui me donnait envie de crier, je ne pouvais plus rester en place.

— On va boire ? lui dis-je.

— Allons, répondit Horiki.

Horiki et moi nous nous ressemblions. Nous avions exactement les mêmes goûts. Naturellement ceci n'était vrai que lorsque nous avions déambulé en buvant de droite et de gauche du mauvais saké. Quoi qu'il en soit, quand on nous regardait ensemble tous les deux, on aurait pu nous prendre pour deux chiens de même taille et de même poil courant de-ci de-là dans un carrefour par temps de neige.

A partir de ce jour nous allâmes ensemble de nouveau au petit bar de Kyôbashi. Finalement nous allâmes chez Shizu-ko dans son logement de Kôenji, comme deux chiens ivres morts. Je découchai. Je finis par rentrer à la maison.

Je ne l'oublierai pas. C'était une nuit d'été très chaude, moite. A la tombée de la nuit, Horiki, portant un vêtement léger fripé, vint me voir dans mon logement de Tsukiji. « Aujourd'hui, me dit-il, j'ai eu absolument besoin d'argent. J'ai engagé mes vêtements d'été. Cela me coûte de l'avouer à ma vieille mère, je suis vraiment ennuyé. Comme je veux les retirer tout de suite, prête-moi de l'argent. » Malheureusement il n'y avait pas d'argent à la maison. Comme d'habitude, je dis à Yoshi-ko d'aller porter quelques-uns de ses vêtements au mont-de-piété. Avec l'argent ainsi obtenu je prêtai à Horiki ce qu'il me demandait et, avec le peu qui restait, je fis acheter de l'eau-de-vie par Yoshi-ko; nous montâmes sur la terrasse de la maison et nous nous régalâmes en rafraîchissant nos corps dans un vent fétide aux relents d'égout que la Sumida nous envoyait par faibles bouffées intermittentes.

C'est à cette époque que nous commençâmes à jouer aux devinettes des noms tragiques et comiques. Dans le jeu que j'inventai, tous les noms se classent en noms masculins, féminins ou neutres, mais en même temps il faut pouvoir séparer les noms tragiques des noms comiques. Par exemple, bateau à vapeur et train sont tous deux des noms tragiques, le chemin de fer électrique de la ville et le bus sont tous deux comiques. Pourquoi ? Il ne faut pas se placer au point de vue artistique; l'auteur qui introduit dans le comique un seul élément tragique perd de ce fait et il en va de même pour le tragique.

Je demandai :

— Tu es prêt ? « Tabac » ?

— Tragique ! répondit immédiatement Horiki.

— « Remède. »

— En poudre ou en pilules ?

— En piqûres.

— Tragique.

— Crois-tu ? On fait bien des piqûres d'hormones ?

— Non. C'est tellement tragique. L'aiguille, d'abord. Et toi, n'es-tu pas un exemple tragique splendide ?

— Ça va. J'ai perdu. Cependant « remède », « médecin », sont comiques. La « mort » ?

— Comique ! Pour un pasteur protestant comme pour un bonze.

— Cela, c'est épatant ! La « vie », c'est tragique, n'est-ce pas ?

— Erreur ! C'est comique aussi.

— Non, ou alors tout est comique. Tout de même, je vais t'en demander un autre. « Caricaturiste » ? Tu ne diras pas que c'est comique !

— Tragique ! Tragique ! Extrêmement tragique !

— Quoi ? L'extrêmement tragique, c'est toi !

De tels propos, qui finissaient par ressembler à des élucubrations d'ivrognes, étaient peu intéressants. Cependant nous ne fûmes pas peu fiers de voir ce jeu, qui n'existait pas encore dans les salons, devenir l'objet d'une grande vogue.

A cette époque, j'inventai un autre jeu semblable, celui des contraires. Le contraire de « noir », c'est « blanc », mais le contraire de « blanc » c'est rouge et celui de « rouge », c'est « noir ».

— Le contraire de « fleur » ? demandai-je.

La bouche de Horiki se plissa ; il réfléchit.

— Attends... Il y a un restaurant qui s'appelle : « Fleurs et lune. » Alors c'est « lune » !

— Non. Ce n'est pas le contraire cherché. Ce serait un synonyme plutôt qu'un antonyme. Si l'on prend « étoile » et « violette », est-ce que ce ne sont pas des synonymes : elles n'ont pas de pieds.

— J'ai compris. Eh bien, c'est « abeille ».

— Abeille ?

— Sur une pivoine... une fourmi ?

— Comment ! Ce sont des motifs d'art. Il ne faut pas tricher.

— J'y suis ! Sur les fleurs des nuages épais...

— N'est-ce pas : sur la lune des nuages épais...

— Sur les fleurs, le vent... C'est le vent ! Oui, l'antonyme de « fleur », c'est « vent ».

— Ce n'est pas fameux. Est-ce que ce ne

sont pas là des vers de naniwabushi [1]? Il n'y a pas besoin de chercher d'où cela vient.

— Non, cela se chante sur le biwa [2].

— C'est encore moins bien. Le contraire de « fleur », tiens... Comme en général le monde n'a rien de commun avec les fleurs, c'est « monde » que je proposerais.

— Alors... attends un peu... qu'est-ce que c'est ? N'est-ce pas « femme » ?

— A propos, le synonyme de « femme »?

— « Viscères. »

— Mon cher, tu ne connais vraiment pas la poésie. Alors, l'antonyme de « viscères »?

— « Lait. »

— C'est assez bon. Encore un air sur ce thème. « Honte. » Son contraire ?

— « Effronterie. » « Le caricaturiste à la mode. » « Le Suicidé Vivant. »

— Horiki Masao !

A partir de ce moment, nous cessâmes de rire. L'ivresse particulière de l'eau-de-vie me donnait la sensation douloureuse d'avoir la tête remplie d'éclats de verre.

— Ne te vante pas. Moi, je ne suis pas comme toi, je n'ai pas eu la honte d'être arrêté.

Je reçus un choc. Au fond, Horiki ne me traitait pas comme un être normal. Pour

1. Complainte accompagnée sur le samisen.
2. Luth japonais à quatre cordes.

lui, j'étais celui qui refuse la mort, qui ne connaît pas la honte, un spectre fou, pour ainsi dire; « un cadavre vivant » que l'on ne peut expliquer, qu'on utilise dans toute la mesure du possible à l'heure des plaisirs. Son « amitié » n'allait pas plus loin, pensais-je. Je me sentais mal à mon aise. Cependant, je revins sur cette opinion que j'avais sur Horiki en pensant qu'il pouvait bien me juger ainsi, car à vrai dire je n'avais depuis mon enfance fait preuve d'aucune des qualités que l'on exige d'un homme; alors, le mépris d'un Horiki était peut-être justifié.

Je dis en affectant un air indifférent :

— Quel est le contraire de « crime » ?

— « Justice », répondit calmement Horiki en souriant.

Je le regardai de nouveau. A la lueur rouge, vacillante, d'une réclame au néon pour une marque de bière, le visage de Horiki me semblait avoir pris la majesté d'un démon policier. J'étais épouvanté.

— Un crime, mon cher, cela ne doit pas être cela.

Dire que le contraire de « crime » était « justice » ! Cependant les hommes ayant tous en tête cette idée simpliste, c'est peut-être pour cela qu'ils se conduisent bien dans leur vie. Là où il n'y a pas de policiers, les crimes foisonnent.

— Alors qui ? Dieu ? Tu sens le prêtre chrétien. Une odeur que je n'aime pas.

— Bah ! Ne juge pas aussi légèrement. Réfléchissons un peu plus tous les deux. Est-ce que ce n'est pas là un thème intéressant ? La réponse apportée par un homme à ce thème donne envie de connaître l'homme tout entier.

— Moyen invraisemblable... Le contraire de « crime », c'est « ce qui est bien ». Le citadin parfait. En un mot, un homme dans mon genre.

— Trêve de plaisanteries ! Toutefois, « bien » est le contraire de « mal ». Ce n'est pas celui de « crime ».

— Est-ce que le mal et le crime sont différents ?

— Oui, je le crois. L'idée générale de bien et de mal est une construction de l'esprit humain. Ce sont des termes de la morale établie habilement par les hommes.

— Ce que tu es embêtant ! Alors, tout de même, ce doit être Dieu. Dieu. Dieu... Il n'y a pas d'erreur, ce doit être Dieu. J'ai faim !

— En ce moment, Yoshi-ko fait bouillir des fèves.

— Merci. C'est un régal pour moi.

Croisant les mains derrière la tête, il s'allongea sur le dos.

— Pour toi, mon cher, le crime a l'air de n'avoir aucun intérêt, n'est-ce pas ?

— C'est exact. C'est parce que je ne suis pas un criminel comme toi. J'ai beau faire la noce, je n'ai pas fait mourir de femme, je n'ai pas extorqué d'argent aux femmes...

Quelque part dans mon cœur une voix indistincte et pourtant désespérée élevait une protestation : « Non, je n'avais poussé personne à la mort, je n'avais pas extorqué d'argent ! » Mais cette voix fut étouffée par cette pensée habituelle que j'étais un homme mauvais.

Quoi que je fasse, il m'est impossible de faire tête dans une discussion. Réprimant de toutes mes forces un sentiment dangereux que l'ivresse sombre de l'eau-de-vie faisait monter en moi, je dis comme dans un soliloque :

— Cependant le seul fait d'être mis en prison n'est pas un crime. Si l'on connaît l'antonyme de « crime », on s'imagine qu'on a saisi l'essence de « crime », mais... Dieu... le salut... l'amour... la lumière... Mais Dieu a pour antonyme Satan, l'antonyme de salut doit être : souffrance, celui de l'amour : la haine, celui de la lumière : les ténèbres, celui du bien : le mal ; le crime et la prière, le crime et le repentir, le crime et la confession, le crime et... les gémissements, tous ces mots ne sont-ils pas synonymes ? Quel est l'antonyme de crime ?

— L'antonyme de « crime », c'est « miel ». Quelque chose de doux comme le miel. J'ai faim, tu sais ! Apporte quelque chose à manger.

— Est-ce que tu ne pourrais pas l'apporter toi-même ?

Je ne crois pas me tromper en disant que c'était la première fois de ma vie que je me mettais dans une violente colère.

— Ça va. Alors je descends. Yoshitchan et moi allons commettre un crime. Au lieu de la discussion, une expérience pratique. L'antonyme de « crime », c'est « haricots confits au miel ». Ah, non, il paraît que ce sont des fèves.

J'étais ivre au point de ne pouvoir articuler distinctement.

— Fais ce que tu voudras. Fiche le camp où tu voudras.

— « Crime » et « faim », « faim » et « fèves »... est-ce que ce ne sont pas des synonymes ?

Tout en parlant à tort et à travers, il se leva.

Crime et châtiment. Dostoïevski. Une lueur fugitive me traversa l'esprit. Dostoïevski a-t-il rapproché les deux mots comme synonymes ou comme antonymes ?

Crime et châtiment ne s'interpénètrent aucunement; la glace et le charbon ardent ne vont pas ensemble. Dans ma tête les idées tourbillonnaient comme les images d'un kaléidoscope... Dostoïevski prenait crime et châtiment comme antonymes... de minces algues filantes passaient... un étang pourri... je fouillais un écheveau de chanvre aux fibres emmêlées... Alors, j'entendis Horiki :

— Dis donc ! Epatantes, ces fèves ! Viens !

Sa voix, la couleur de son visage avaient changé. J'avais cru qu'il était descendu tout à l'heure en titubant, et puis il était de nouveau là.

— Qu'y a-t-il ?

Il avait un air étrangement surexcité. Tous deux nous descendîmes de la terrasse au premier étage et, de là, nous prîmes l'escalier qui menait à ma chambre au rez-de-chaussée. En chemin, Horiki s'arrêta.

— Regarde ! me dit-il à voix basse en montrant quelque chose du doigt.

Un vasistas, en haut de ma chambre, était ouvert. Par là on apercevait l'intérieur de la pièce. L'électricité était allumée; deux êtres se trouvaient là.

Chancelant, je fus pris de vertige. C'était deux formes humaines. Deux formes humaines. La respiration oppressée, je murmurai du fond de la gorge : « Il n'y a là rien d'effrayant. » Je restais là, cloué dans l'escalier.

Horiki toussa avec force. Comme si j'avais été poursuivi, je grimpai seul l'escalier et sur la terrasse je me jetai à terre, regardant le ciel chargé de pluie de cette nuit d'été. A ce moment j'avais la sensation d'être attaqué; je n'étais pas en colère, je ne haïssais personne; je n'avais pas de chagrin; j'étais saisi d'une frayeur terrible. Ce n'était pas une frayeur telle que celle qu'on éprouverait devant un fantôme dans un cimetière. C'était peut-être celle qu'on ressentirait en rencontrant, dans le bois de cryptomères d'un temple shintô, l'esprit d'une divinité vêtue de blanc, l'épouvante irraisonnée, terrible, des hommes préhistoriques. C'est à partir de cette nuit-là que mes cheveux ont blanchi, que j'ai définitivement perdu confiance en moi, que ma méfiance à l'égard des hommes n'a plus connu de limites, que j'ai à jamais abandonné tout espoir en ce qu'on peut attendre des actions humaines, que la joie, la sympathie se sont éloignées de moi pour toujours. En fait, cet événement exerça une influence capitale sur ma vie. Ma tête se trouva partagée en deux, depuis l'intervalle entre les sourcils jusqu'à l'occiput, et, depuis lors, toute personne qui m'a approché m'a fait souffrir de cette blessure.

— Je compatis, mais cela t'ouvrira un peu les yeux. Moi, je ne remettrai plus les pieds ici. Vraiment, c'est l'enfer... Pourtant, pardonne à Yoshi-tchan. Après tout, c'est bien la femme qui te convient.

Horiki n'était pas assez sot pour s'attarder dans une atmosphère désagréable.

Je me levai, bus de l'eau-de-vie. Puis je criai pour appeler. Je criai je ne sais combien de fois.

Arrivée sans bruit derrière moi, Yoshi-ko était là, l'air absent, avec un plat plein de fèves.

— Puisque vous dites que vous ne me ferez rien...

— Cela suffit. Ne dis rien. Tu n'as pas su te méfier d'un homme. Assieds-toi. Mangeons ces fèves.

Assis côte à côte, nous mangeâmes les fèves. Ah ! La confiance est-elle une faute ? Mon adversaire était un homme jeune, d'une trentaine d'années, un commerçant peu cultivé mais faisant sonner son argent et qui m'avait commandé des caricatures.

Comme on peut le penser, ce commerçant ne revint plus. Quant à moi, je ne sais pourquoi, j'éprouvais moins de haine pour lui que pour Horiki, car, dès qu'il eut découvert le drame, ce dernier, au lieu de tousser fortement ou de faire n'importe quoi, était remonté sur la terrasse pour m'avertir. A son égard, je ressentais tant d'aversion et tant de colère que j'en gémis de douleur au cours d'une nuit sans sommeil.

Il n'y eut ni pardon ni absolution. Yoshi-ko était la confiance en personne. Elle ne savait pas se méfier de quelqu'un. De là l'événement tragique de cette nuit.

Je demandai à Dieu : la confiance est-elle une faute ? Plus que la salissure infligée à Yoshi-ko, le viol de sa confiance devint pour moi le germe de longues souffrances pénibles à en mourir. Timoré à un point indécent, je me bornais à observer l'expression d'un visage, ma faculté de croire quelqu'un avait reçu une blessure inguérissable. L'innocence et la confiance de Yoshi-ko étaient pour moi rafraîchissantes comme une cascade dans la verdure. En une nuit cette eau pure s'était changée en une eau bourbeuse. Quant à Yoshi-ko, depuis cette nuit, un froncement de sourcils ou un sourire de ma part la trouvaient prête à s'évanouir.

Au moindre appel : « Dis-moi... », elle sursautait, ses yeux ne savaient où se poser. Quoi que je pusse dire pour amener un sourire sur ses lèvres, quelque facétie que je fisse, sa voix tremblait; elle vivait dans les transes; elle usait, pour me parler, d'expressions exagérément respectueuses. Est-ce que, vraiment, un cœur innocent et trop confiant peut contenir le germe d'une faute ?

J'ai fouillé toutes sortes de livres relatant le viol de femmes d'autrui. Je ne crois pas qu'il y ait une seule de ces femmes qui ait été salie d'une manière aussi tragique que Yoshi-ko. Il n'y en a absolument pas dans ces récits. S'il y avait eu entre Yoshi-ko et ce jeune commerçant le moindre sentiment d'amour, je me serais peut-être senti moins frappé. Mais, simplement, Yoshi-ko s'est abandonnée un soir d'été, et alors cela a suffi, c'est pour cela que ma tête s'est trouvée comme fendue depuis le haut jusqu'entre les deux yeux, que ma voix est devenue rauque, que mes premiers cheveux blancs ont poussé, que Yoshi-ko a pris pour la vie une voix tremblante. Dans la plupart des contes dont j'ai parlé, le point important était de savoir si le mari pardonnerait ou non l'acte de sa femme. Pour moi le problème n'était pas aussi douloureux. Pardonner, ne pas pardonner... Les maris qui se réservent le droit de prendre cette décision en sont-ils plus heureux ? Si l'on pense que le pardon est absolument impossible, il n'y a sans doute qu'à divorcer rapidement sans bruit et à chercher une nouvelle femme. S'il est possible, il faut être clément et pardonner. D'une manière ou de l'autre, le mari s'imagine qu'il a retrouvé d'un coup le calme de l'esprit. Un incident de cette nature détermine certainement chez le mari un choc, mais ce choc diffère de celui d'une vague qui se répète implacablement. Je pensai aux tourments causés par des dispositions prises dans la colère par un homme qui avait le droit pour lui. Mais, dans notre cas, le mari n'avait aucun droit. A la réflexion, alors que tout me portait à prendre les choses au plus mal, je n'ai pas dit un seul mot, non seulement de colère, mais même de blâme. Ma femme a été salie en raison même de la rare beauté de son caractère. Ce beau caractère tenait à cette qualité infiniment digne de pitié : un cœur confiant et innocent qui avait captivé son mari.

Est-ce une faute d'avoir un cœur confiant et innocent ?

De garder au fond de moi des doutes même sur la qualité la plus précieuse d'un beau caractère confiant, la raison m'échappait complètement. L'alcool devint mon seul but. L'expression de mon visage devint abjecte. Je buvais de l'eau-de-vie dès le matin. Des dents me manquaient dans une bouche de misère. Mes caricatures devinrent des dessins de plus en plus obscènes. Non, je veux parler franchement : c'est à partir de ce moment que je copiai des estampes érotiques pour les vendre en cachette. Il me fallait de l'argent pour acheter de l'eau-de-vie. Je regardais Yoshi-ko dont les yeux fuyaient toujours mon regard et qui avait des larmes dans la voix : étant donné qu'elle n'était jamais sur ses gardes, est-ce que ce commerçant n'était venu qu'une seule fois ? Et puis... Horiki ? Ou peut-être quelqu'un que je ne connaissais pas ? Le doute faisait naître d'autres doutes. Néanmoins, n'ayant pas le courage de tirer la chose au clair, convulsé par la peur et par l'angoisse, je me bornai à boire de l'eau-de-vie et à m'enivrer. Intérieurement je passais de la joie à la tristesse. Extérieurement je me livrais à des pitreries incohérentes, puis je prodiguais à Yoshi-ko d'odieuses caresses dignes de l'enfer et, perdu dans la fange, je m'écroulais dans le sommeil.

Un soir de la fin de cette année-là, tard, je rentrai à la maison ivre mort. Je voulus boire de l'eau sucrée. Yoshi-ko dormait. J'allai à la cuisine, cherchai la boîte à sucre, soulevai le couvercle : il n'y avait plus de sucre. Une petite boîte rectangulaire en carton noir s'y trouvait. Machinalement je la pris et fut étonné d'apercevoir des lettres occidentales. Avec l'ongle on avait gratté plus de la moitié du mot; ce qui restait était clair et faisait : DIAL.

A cette époque, c'était surtout de l'eau-de-vie que je buvais; je ne faisais pas usage de soporifiques. Toutefois, comme l'insomnie était pour moi une maladie habituelle, la plupart des somnifères m'étaient familiers. Cette boîte de... dial devait certainement contenir plus d'une dose mortelle. Je n'avais pas fait sauter la bande de fermeture de la boîte; cependant, à un moment, j'eus envie de le faire. Il n'était pas douteux qu'on avait essayé de cacher le nom du médicament en grattant les lettres. J'étais ému en pensant que cette fille, qui ne pouvait pas lire les lettres occidentales de ce mot, en avait gratté la moitié avec l'ongle en pensant que cela suffirait. (Tu étais innocente !)

Sans faire de bruit, je versai doucement de l'eau dans un verre; puis, sans me presser, je coupai la bande de fermeture de la boîte, je secouai le contenu tout entier dans ma bouche et, avec calme, je bus le verre d'eau. J'éteignis l'électricité et je me couchai.

Il paraît que je restai comme mort trois jours et trois nuits. Le médecin attribua l'accident à une imprudence et hésita à faire un rapport à la police. Lorsque je commençai à m'éveiller, on dit que les premières paroles que je prononçai, encore dans le trouble du délire, furent : « Retourner à la maison. » Qu'est-ce que j'entendais par « la maison » ? Aujourd'hui encore je ne le sais pas bien. Quoi qu'il en soit, après avoir dit ces mots, je pleurai à chaudes larmes.

Peu à peu, le brouillard se dissipa. Je regardai autour de moi : Hirame était assis à mon chevet, avec un visage de mauvaise humeur.

— La dernière fois, c'était déjà à la fin de l'année. Choisir la fin de l'année pour faire une chose pareille, au moment où je suis occupé à ne pas savoir où donner de la tête, cela rend la vie impossible !

Pendant qu'il me fallait écouter les propos de Hirame, une personne entra. C'était la patronne du bar de Kyôbashi.

— La patronne ! m'écriai-je.

— Chut ! Voyons ! Faites attention ! dit-elle en penchant son visage souriant au-dessus du mien qu'il recouvrait presque.

De grosses larmes coulaient de mes yeux.

— Séparez-moi de Yoshi-ko.

Ces mots s'échappèrent de ma bouche malgré moi.

La patronne se redressa en poussant un long soupir. Je commis alors sans le vouloir une bévue cruelle, en prononçant ces mots qui voulaient être plaisants et sans importance :

— Je veux m'en aller en un lieu où il n'y aura pas de femmes.

Ce fut une explosion. Hirame se mit à rire aux éclats. La patronne poussa des rires étouffés. Moi-même, tout en versant des larmes, je rougis et j'eus un sourire douloureux.

— Hm ! Ce serait une bonne solution ! dit Hirame dans un rire déboutonné qui n'en finissait pas.

— Ce serait bien d'aller dans un lieu où il n'y aurait pas de femmes. Là où il y a des femmes, rien ne va. Un endroit sans femmes : c'est une excellente idée !

Un endroit sans femmes... Cette idée d'un cerveau en délire devait plus tard se réaliser d'une manière cruelle.

Depuis que j'avais bu le poison destiné à Yoshi-ko, celle-ci semblait m'aimer plus éperdument que jamais. Elle me parlait avec des larmes dans la voix, elle ne souriait pas, elle n'avait pas l'air d'écouter ce que l'on disait autour d'elle. Il me pesait de rester à la chambre; finalement je sortis et, comme auparavant, j'allai boire quantité de saké bon marché. Depuis l'incident du somnifère, j'avais maigri considérablement;

j'avais les pieds et les mains engourdis; je négligeais mes travaux de caricature. Lors de sa visite, Hirame m'avait laissé de l'argent. Il avait dit : « C'est mon cadeau ! », mais cet argent qu'il avait l'air de me remettre comme s'il venait de lui avait été envoyé du pays par mon frère aîné et la famille. J'avais changé depuis le jour où je m'étais enfui de sa maison. Je devinais vaguement la comédie qu'il jouait en se donnant des airs d'importance. Adroitement, je fis mine de ne rien savoir; c'est à lui que j'adressai mes remerciements. Mais pourquoi Hirame et les autres avaient-ils recours à de pareilles complications ? De toute manière, je n'avais pas l'air de comprendre.

Avec cet argent je décidai de m'en aller seul aux eaux chaudes du sud de la presqu'île d'Izu, de visiter le pays. Mais je n'avais pas le cœur à faire du tourisme dans l'oisiveté des stations thermales. Je pensais à Yoshi-ko et ma solitude me paraissait infinie. J'étais loin de pouvoir contempler d'un esprit calme et reposé les montagnes que l'on voyait par la fenêtre de la pension. Sans même quitter mon vêtement ouaté de nuit, sans entrer au bain, je me précipitais dehors, j'entrais en trombe dans une maison de thé minable et je buvais de l'eau-de-vie à pleines gorgées. Mon état de santé s'aggravait, je ne pensais qu'à retourner à Tôkyô.

J'arrivai à Tôkyô un soir où tombait une neige abondante. Ivre, je me trouvai derrière Ginza, fredonnant : « Ici, si loin du pays[1]... » Du bout du pied je chassais la neige qui s'épaississait quand, tout à coup, je dus cracher. Ce fut mon premier crachement de sang. Sur la neige blanche un large rond rouge rappelait le drapeau japonais. Je m'accroupis un moment, puis, ramassant dans les deux mains de la neige propre, je me lavai le visage et je pleurai. « Où va ce sentier[2]... »

Au loin, on entendait faiblement, comme dans un rêve, ce chant mélancolique d'une jeune fille. Le malheur. Il y a sur terre une foule d'hommes malheureux, ou plutôt, on peut le dire sans exagérer, tous les hommes sont malheureux. Toutefois, ces hommes pouvaient protester hardiment contre leur malheur, et puis le monde comprenait aisément leur protestation et leur accordait sa sympathie. Mais à mon propre malheur, personne ne pouvait rien en raison de toutes mes fautes. Si, en bredouillant, je commençais à élever un seul mot qui ressemblait

1 et 2. Chanson d'enfant qui rythme des jeux.

à une protestation, j'étais sûr que non seulement Hirame, mais tout le monde s'écriait : mais... nous avons déjà entendu tout cela, nous en avons par-dessus la tête ! On m'accusait d'être capricieux ou, au contraire, d'être exagérément faible; je ne connaissais pas très bien moi-même les raisons des uns et des autres. En tout cas, j'avais l'air d'avoir accumulé tant de fautes que partout les malheurs ne cessaient de s'abattre sur moi et il n'y avait aucun moyen pratique de m'en protéger.

Je me relevai. Pensant qu'il me fallait prendre sans tarder un médicament, j'entrai dans une pharmacie. Je regardai la personne qui se trouvait là, une femme qui leva brusquement la tête comme si la lumière d'un flash l'avait frappée; elle ouvrit de grands yeux et se redressa.

Dans son regard on ne lisait ni frayeur ni répulsion, mais comme une sorte de besoin d'assistance et d'amour. Ah ! Cette femme aussi était sûrement malheureuse. Les gens malheureux ont un sens particulier pour comprendre le malheur des autres. Soudain, elle prit une béquille et se leva avec peine en prenant des précautions. Je réprimai l'envie d'aller l'aider. Mon regard rencontra le sien et des larmes me vinrent aux paupières; alors, des grands yeux de la femme coulèrent de grosses larmes.

Ce fut tout. Sans ajouter un mot je quittai la pharmacie et je retournai à la maison en titubant. Je me fis préparer de l'eau salée par Yoshi-ko et je la bus. Je me couchai en silence. Le lendemain, je prétendis souffrir d'un léger rhume et je dormis toute la journée. Le soir, comme ce secret sur mes crachements de sang me devenait insupportable, je me levai et j'allai à la pharmacie. Cette fois, en souriant, je mis en toute franchise cette femme au courant de ma mauvaise santé et je lui demandai conseil.

— Il faut cesser de boire.

Entre nous il n'y avait plus de secrets.

— Je suis peut-être intoxiqué par l'alcool. En ce moment même, j'ai envie de boire.

— Il ne faut pas. Mon mari, bien que tuberculeux, disait que le saké tue les microbes; il s'est imbibé de saké et cela a abrégé sa vie.

— Quand l'esprit est inquiet, rien ne va. Si l'on faiblit, c'est fini.

— Je vous offre des médicaments. Mais supprimez le saké !

Cette femme était veuve; elle avait un fils qui était entré à l'école de médecine de Chiba ou de je ne sais où, mais qui, bientôt avait été pris du même mal que son père; il avait cessé ses études et il était entré à l'hôpital. A la maison, un frère cadet du mari défunt restait alité après une légère attaque d'apoplexie. A l'âge de cinq ans, cette femme avait été atteinte d'une paralysie infantile qui l'avait totalement privée de l'usage d'une jambe. Tout en avançant clopin-clopant sur sa béquille, elle prit un assortiment de médicaments et d'instruments, les uns sur une étagère, les autres dans un tiroir, et elle me donna le tout.

— Ceci est un remède pour refaire du sang.

« Cela, c'est une vitamine injectable. La seringue, la voilà.

« Ceci, ce sont des tablettes de calcium. Contre les maux d'estomac et d'intestins, de la diastase.

« Ce remède, c'est pour ceci, celui-là est pour cela... »

Elle me donna affectueusement des explications sur l'emploi de cinq ou six médicaments. Cependant, l'affection même de cette malheureuse femme à mon égard fut trop profonde. A la fin, elle me dit : « Voici un médicament pour les moments où vous aurez un besoin de boire du saké que vous ne pourrez vaincre autrement », et, prestement, elle me donna, enveloppé dans un paquet, une petite boîte contenant de quoi faire des piqûres de morphine.

Elle m'avait dit que cela faisait moins de mal que le saké; je le croyais aussi, et alors, au moment où je réfléchissais à tout ce qu'il y a de sale dans l'ivresse du saké et à la joie de pouvoir m'éloigner pour longtemps de ce démon d'alcool, je n'hésitai pas et je me fis au bras une piqûre de morphine. L'anxiété, l'irritation, la timidité disparurent comme par enchantement; je parlai avec enjouement. Après cette piqûre, j'oubliai ma faiblesse physique, je me remis à mes travaux de caricatures; pendant que je dessinais il me venait à l'esprit des idées d'une fantaisie monstrueuse, qui me faisait éclater de rire.

Je voulais me faire une piqûre par jour; j'en fis deux; quand je fus à quatre, je me dis que sans elles il me serait impossible de travailler.

— Cela ne va pas. Si vous vous intoxiquez, ce sera épouvantable.

La femme de la pharmacie m'ayant parlé ainsi, je m'imaginai que j'étais intoxiqué. (J'obéissais à toutes les suggestions qui m'étaient faites. Je me disais : « Il ne faut pas dépenser cet argent ! » Mais si quelqu'un me faisait cette remarque : « Après tout, il t'appartient ! », alors, si je ne le dépensais pas, il me venait à l'esprit des chimères étranges, de mauvais aloi, imprévisibles, et il me fallait dépenser immédiatement cet argent.)

Pour combattre l'anxiété que me causait cette intoxication, j'exigeais — cercle vicieux — de la drogue en grande quantité.

— Je vous en prie ! Encore une boîte ! Je vous promets de régler la note à la fin du mois.

— Vous me paierez la note quand vous voudrez, mais je me méfie de la police.

Ah ! Je sens toujours autour de moi les agissements d'êtres louches qui vivent dans l'ombre et s'attachent à mes pas.

— On peut la tromper d'une manière ou d'une autre. Je vous en prie ! Je vous embrasserai !

La femme rougit.

Je me fis de plus en plus pressant.

— Si je n'ai pas de drogue, il m'est absolument impossible de travailler. C'est pour moi un reconstituant.

— Alors, des piqûres d'hormones seraient encore meilleures pour vous.

— Ne me racontez pas d'histoires. Sans saké ou, à défaut, sans ce remède, je ne puis travailler.

— Il ne faut pas de saké.

— Non, n'est-ce pas ? Depuis que j'ai eu

recours à ce remède, je n'ai pas bu une goutte de saké. Grâce à vous, je me sens en pleine vigueur. Je n'ai plus l'intention de dessiner des caricatures immondes; désormais, ayant cessé de boire du saké, mon corps remis d'aplomb, je travaillerai, je prouverai que je suis un grand artiste. C'est maintenant pour moi la chose essentielle et c'est pour cela que je vous adresse ces demandes. Voulez-vous que je vous embrasse ?

La femme se mit à rire.

— Je suis bien ennuyée. Je ne sais si vous n'êtes pas intoxiqué.

En clopinant, appuyée sur sa béquille, elle prit le médicament sur une étagère.

— Je ne vous donne pas une boîte entière : vous la videriez tout de suite. Je vous en donne une moitié.

— Avare que vous êtes ! Tant pis.

Rentré à la maison, je me fis immédiatement une piqûre.

— Cela n'est pas douloureux ? me demanda craintivement Yoshi-ko.

— C'est pénible. Mais pour accroître l'efficacité dans le travail, bon gré mal gré, il faut que je la fasse. En ce moment, je suis plein d'entrain, n'est-ce pas ? Allons, au travail ! Au travail ! Au travail ! criai-je gaiement.

Au milieu de la nuit, quelqu'un frappait

à la porte de la pharmacie. Une forme en vêtements de nuit se montra, appuyée sur sa béquille. Brusquement je la pris entre mes bras, je lui donnai un baiser, puis je feignis de pleurer.

Sans mot dire, elle me mit une boîte dans la main. Quand je m'aperçus sérieusement que le médicament, comme l'eau-de-vie, non : plus que l'eau-de-vie, était une chose odieuse, dégoûtante, j'étais déjà un malade complètement intoxiqué.

En vérité, j'avais atteint le dernier degré de la honte. N'ayant qu'une pensée : me procurer ce médicament, je me remis à copier des estampes érotiques, puis j'en arrivai même à nouer des relations littéralement honteuses avec l'infirme de la pharmacie.

« Je veux mourir, il faut que je meure. Je ne me rétablirai jamais. Quoi que l'on fasse, je suis fichu. Je suis couvert de honte. Je n'ai plus le goût des promenades à bicyclette pour aller voir les cascades sous les jeunes pousses vertes. J'accumule les fautes les plus abominables; mes souffrances augmentent et deviennent intenses. Je veux mourir; il faut que je meure. Ma vie engendre toujours plus de fautes. » Je ressassais continuellement ces pensées en faisant la navette entre la maison et la pharmacie, à demi fou.

J'avais beau travailler : à mesure qu'augmentaient les doses de morphine que j'employais, les sommes que j'empruntais pour les payer atteignaient un total effroyable. Quand la femme de la pharmacie voyait mon visage, les larmes lui montaient aux yeux et je me mettais moi-même à pleurer.

Pour fuir cet enfer, il me restait un dernier moyen; s'il échouait je n'avais plus qu'à me pendre. Je pris une résolution qui était vouée à un échec certain : j'écrivis à mon père, au pays, une longue lettre dans laquelle je lui confessais ma situation tout entière (natuıellement je ne lui parlais pas de la question femmes).

Le résultat fut désastreux à tous égards. J'attendis, j'attendis une réponse qui ne vint pas. D'impatience et d'anxiété j'augmentai la dose de drogue.

J'avais résolu de me faire ce soir-là dix piqûres d'un coup, puis de me jeter dans la grande rivière lorsque, dans l'après-midi, comme s'il avait eu vent des intentions de mon mauvais démon, Hirame apparut, accompagné de Horiki.

— Il paraît que tu craches le sang..., me dit Horiki en m'adressant un sourire gentil que je ne lui connaissais pas. Cette gentillesse me causa une joie qui me fit détourner la tête et pleurer. Mais elle me brisa complètement; j'étais un homme bon à enterrer.

Je fus placé dans une auto. « De toute manière, il faut entrer en clinique », me dit Hirame d'un ton calme qui voulait être compatissant. N'ayant plus en moi aucune volonté, aucune opinion, j'obéis sans résistance aux ordres des deux hommes. Nous étions quatre dans cette voiture en comprenant Yoshi-ko. Après avoir été longuement secoués nous arrivâmes vers le soir à l'entrée d'un grand hôpital situé dans un bois.

Je pensais que c'était simplement un sanatorium. Avec un air doux affecté, un jeune médecin me soumit à un examen minutieux.

— Eh bien, il faut rester ici quelque temps pour une cure de repos, me dit-il avec un sourire timide.

Hirame, Horiki et Yoshi-ko me laissèrent seul et s'en retournèrent. Toutefois, Yoshi-ko me remit un paquet contenant divers vêtements de rechange, puis, sans mot dire, elle tira de sa ceinture le petit matériel pour piqûres avec ce qui restait de drogue. Elle pensait simplement que c'était là un remède qui pouvait m'être utile.

— Non, merci. Je n'en ai pas besoin.

C'était une chose étonnante. Pour la première fois de ma vie, je le dis sans exagérer, je refusais quelque chose que l'on m'offrait. Mon malheur venait de ce que j'étais incapable de refuser. En refusant une offre, j'avais peur de causer entre une personne et moi une fêlure irréparable dans nos relations. Pourtant, à ce moment, j'ai refusé cette morphine que j'avais réclamée comme un fou.

Ce jugement : « Innocente comme Dieu lui-même » ne s'appliquait-il pas à Yoshiko ? Dans cette minute, n'étais-je pas déjà désintoxiqué ?

Cependant, le jeune médecin à l'air timide et souriant me conduisit tout de suite vers un pavillon. En m'y faisant entrer il laissa tomber ses clefs : c'était un hôpital psychiatrique ! « J'irai dans un lieu où il n'y aura pas de femmes », avais-je dit stupidement dans mon délire après avoir bu un certain narcotique. Ceci se réalisait curieusement. Dans cet hôpital de fous il n'y avait que des malades du sexe masculin; le personnel infirmier était masculin. Il n'y avait aucune femme.

Désormais, je n'étais plus un criminel. J'étais un fou. Mais non, certainement, je n'étais pas fou. Je n'ai jamais perdu l'esprit un seul instant. Mais il paraît que tous les fous disent cela. En bref, tous ceux qu'on avait enfermés dans cet hôpital avaient l'esprit dérangé; ceux qui n'y étaient pas enfermés étaient des gens normaux.

Je demande à Dieu :

— La non-résistance est-elle un péché ?

Lorsque Horiki m'avait adressé ce joli sourire qui m'avait surpris, j'avais pleuré; sans objection, sans résistance j'étais entré dans l'auto; on m'avait amené ici et j'avais été classé comme fou. Je pouvais maintenant sortir de l'hôpital : j'aurais toujours au front l'étiquette de fou, pis, d'incurable.

Déchéance d'un homme.

Désormais je ne comptais plus dans l'humanité.

J'étais arrivé au début de l'été. Par ma fenêtre garnie de barreaux de fer je regardais les fleurs rouges des nymphéas sur le petit étang du jardin de l'hôpital. Trois mois passèrent. Les cosmos commençaient à fleurir dans le jardin. A ma grande surprise, mon frère aîné arriva du pays pour m'emmener. Il était accompagné de Hirame. Il m'annonça que mon père était mort le mois précédent d'un ulcère à l'estomac. « Nous ne te demanderons rien sur le passé; n'aie pas de souci au sujet de ton existence; tu pourras ne rien faire. Quelques regrets que tu puisses en avoir, tu seras emmené tout de suite loin de Tôkyô et tu commenceras une cure de convalescence à la campagne.

Shibuta doit régler tout ce que tu aurais pu laisser en suspens à Tôkyô; tu n'as donc pas à t'en occuper. » Telles sont les paroles qu'il prononça sur un ton grave et sans réplique.

Je revis devant mes yeux les paysages du pays natal et d'une voix indistincte je murmurai mon consentement.

Je suis certainement incurable.

Depuis que je sais que mon père est mort, j'ai l'esprit de plus en plus vide. Mon père n'est plus... Sa présence à la fois tendre et terrible ne s'était pas un instant éloignée de mon cœur. Il n'est plus. Je me figurais que la coupe de mes souffrances était vide. Si cette coupe a été si désespérément lourde, je me demande si la faute n'en est pas à mon père. Je suis complètement découragé. J'ai perdu jusqu'à la force de souffrir.

Mon frère aîné a tenu ponctuellement ses promesses. A quatre ou cinq heures de train de la ville où je suis né et où j'ai été élevé, dans un endroit étonnamment tiède pour le nord-est du Japon, se trouvent des eaux chaudes, auprès de la mer. Dans un village il a acheté et m'a donné une chaumière délabrée qui a bien cinq pièces, mais qui est très vieille; elle est à peu près irréparable. On m'a donné une vieille servante de près de soixante ans et qui a les cheveux roussâtres.

Depuis lors, un peu plus de trois années ont passé. J'ai été maintes fois bousculé par la vieille Tetsu; de temps en temps nous avons eu des querelles de ménage. Du côté de ma poitrine, il y a des hauts et des bas; je maigris, j'engraisse. Ayant craché le sang, j'ai envoyé hier Tetsu m'acheter de la calmotine. Elle est allée à la pharmacie du village et m'a rapporté une boîte d'une forme différente de la forme habituelle. Je n'y ai pas spécialement fait attention. Avant de me coucher j'ai avalé dix pilules sans avoir la moindre envie de dormir. Je trouvais cela extraordinaire quand j'éprouvai d'extraordinaires douleurs d'entrailles. Je me précipitai à la toilette où j'eus une violente diarrhée. Je dus encore me rendre trois fois à la selle. Pris de doute, j'examinai la boîte. C'était de l'hénomatine, un purgatif.

Me couchant sur le dos, je me mis une bouillotte sur le ventre et voulut faire des reproches à Tetsu.

— Ce n'est pas de la calmotine, c'est ce qu'on appelle de l'hénomatine, commençai-je par lui dire. Je finis sur un éclat de rire. Un « incurable ». Le nom est assez comique. Je voulais dormir; je rêvais que je buvais un purgatif; ce purgatif était de l'hénomatine.

A l'heure actuelle je ne connais ni le bonheur ni le malheur. La vie passe.

Jusqu'ici, j'ai vécu dans l'enfer. Dans le monde des humains, c'est la seule chose qui me semble vraie.

La vie passe, rien d'autre.

Cette année, je vais avoir vingt-sept ans. Mes cheveux ont blanchi très sensiblement. De l'avis général je parais plus de quarante ans.

ÉPILOGUE

Je n'ai pas connu personnellement le fou qui a écrit ces notes, mais je connais un peu la patronne du bar de Kyôbashi dont il est question dans ces souvenirs. Petite, le teint brouillé, les yeux bridés et obliques, le nez busqué, elle donnait beaucoup plus l'impression d'un beau garçon que d'une jolie fille.

Dans ces notes je crois qu'on peut reconnaître le Tôkyô des années 1930, 1932. Je suis allé deux ou trois fois dans ce bar de Kyôbashi, accompagnant un ami, au moment où les militaristes faisaient ouvertement parler d'eux, c'est-à-dire vers 1935, et c'est pourquoi je n'ai pu faire la connaissance de l'auteur des carnets.

Quoi qu'il en soit, au mois de février de cette année-là, j'allai rendre visite à un ami à Funabashi, dans le département de Chiba. Nous nous étions liés quand nous étions étudiants. Il était devenu maître de conférences à une certaine université féminine. En réalité j'avais à proposer en mariage à cet ami une jeune fille de ma parenté. En même temps j'avais l'intention de rapporter à ma famille des fruits de mer frais et c'est ainsi que je mis sac au dos pour me rendre à Funabashi.

Funabashi était une assez grande ville située au bord d'une mer au fond de vase. Mon ami en était un nouvel habitant et j'avais beau répéter aux gens du lieu le numéro de sa maison, personne ne le connaissait. Il faisait froid. Mon sac me blessait les épaules. Dans une maison de thé j'entendis un air de violon venant d'un disque. Je poussai la porte.

La figure de la patronne de cette maison m'était connue. Je m'informai : c'était bien la patronne du petit bar de Kyôbashi que j'avais connue dix ans auparavant. Immédiatement elle eut l'air de se souvenir de moi. Nous exprimâmes notre surprise réciproque avec force sourires et politesses, puis, au lieu des questions rituelles en ce temps-là sur les expériences de tous ceux qui s'étaient trouvés sans abri par suite des incendies provoqués par les attaques aériennes, nous eûmes cette conversation qui n'était pas exempte de toute coquetterie.

— Cependant, cela ne vous a pas changée !

— Oh ! si. Je suis une vieille femme. Le corps, une ruine. Mais vous, vous êtes jeune !

— Ah ! Quelle erreur ! J'ai déjà trois enfants, vous savez ! C'est pour nourrir cette famille que je suis venu aujourd'hui m'approvisionner chez le producteur.

Puis nous échangeâmes les politesses d'usage entre deux personnes qui ne se sont pas vues depuis longtemps. Nous nous demandâmes mutuellement des nouvelles d'amis communs. Bientôt, la patronne changeant de ton me dit : « Je ne sais si vous avez connu Yô-tchan. — Je ne l'ai pas connu », répondis-je. Elle disparut dans une pièce du fond d'où elle rapporta trois carnets et trois photographies qu'elle me tendit.

— Je ne sais s'il n'y aurait pas là-dedans matière à un roman, dit-elle.

Je n'écris rien sur des matériaux que l'on me presse d'examiner, mais je me demandai sur-le-champ si je n'allais pas changer d'opinion (j'ai parlé dans la préface de l'étrangeté des trois photographies) ; j'étais attiré par ces photos. Quoi qu'il en soit, je priai la patronne de me confier ces carnets de notes, car j'avais l'intention de repasser avant de reprendre le chemin de Tôkyô. Je lui demandai si elle ne connaissait pas la maison du professeur de l'université féminine appelé un tel, dans telle rue, à tel numéro. Elle savait tout cela, car tous deux étaient des émigrés récents dans cette ville. On voyait de temps en temps mon ami dans cette maison de thé. Il habitait tout près.

Cette nuit-là, nous échangeâmes quelques coupes de saké avec mon ami. Ce dernier m'offrit de loger chez lui. Sans dormir un instant jusqu'au matin, je me plongeai dans les notes.

Ce qui est écrit dans ces carnets appartient au passé, mais il est certain qu'ils présentent de l'intérêt pour la génération actuelle. Plutôt que d'y introduire maladroitement quelque chose de mon cru, j'ai jugé préférable de demander à l'éditeur d'une revue quelconque de les publier dans leur état même.

Les fruits de mer que je devais rapporter aux enfants furent remplacés par des produits secs. Remettant sac au dos, je pris congé de mon ami. Je repassai par la maison de thé.

— Vraiment, je vous remercie du bon accueil que vous m'avez fait hier...

Puis je passai brusquement au sujet qui m'intéressait.

— Pourrais-je vous emprunter ces notes quelque temps ?

— Naturellement. Je vous en prie.

— Est-ce que cet homme vit encore ?

— Franchement, je ne pourrais vous le dire. Il y a environ dix ans, un petit paquet contenant les notes et les photographies est arrivé à l'adresse du bar de Kyôbashi. L'expéditeur était certainement Yô-tchan, mais, sur le paquet, ni l'adresse ni même le nom de Yô-tchan n'étaient écrits. Au moment des bombardements aériens, perdue parmi tant d'autres, j'ai été épargnée par miracle et ce n'est que récemment que pour la première fois j'ai lu entièrement ces notes.

— Vous avez pleuré ?

— Ah !... C'est trop peu dire... C'est fini. Quand un homme en arrive à ce point, c'est fini.

— Et puis, depuis dix ans, il est peut-être mort. Ce paquet, c'était probablement en remerciement qu'il vous l'a envoyé. Des passages sont écrits avec plus ou moins d'exagération; cependant, vous-même, vous avez souffert d'une manière passablement cruelle. Si tous ces souvenirs sont véridiques et si j'avais été son ami, je ne sais si je n'aurais pas eu, moi aussi, envie de le conduire dans un hôpital psychiatrique.

— Son père a été mauvais, dit-elle sans aigreur apparente.

— Le Yô-tchan que nous avons connu était profondément candide; avec de l'attention, s'il n'avait pas bu de saké... mais non ! même quand il buvait, c'était un bon enfant pareil à Dieu.

Préface 7
Premier carnet 13
Deuxième carnet 33
Troisième carnet 97
Epilogue 175

DU MÊME AUTEUR

Aux Éditions Gallimard

SOLEIL COUCHANT. Crépuscule de l'aristocratie

CONNAISSANCE DE L'ORIENT

1. Tchouang-tseu : *Œuvre complète.*
2. Bibhouti Bhoushan Banerji : *La complainte du sentier.*
3. Zeami : *La tradition secrète du nô,* suivi de *Une journée de nô.*
4. *Contes du Vampire.*
5. Sei Shônagon : *Notes de chevet.*
6. Hymnes spéculatifs du *Véda.*
7. *Au cabaret de l'amour* (*Paroles* de Kabîr).
8. Natsume Sôseki : *Je suis un chat.*
9. Ihara Saikaku : *Cinq amoureuses.*
10. Chen Fou : *Récits d'une vie fugitive (Mémoires d'un lettré pauvre).*
11. Wou King-tseu : *Chronique indiscrète des mandarins,* I.
12. Wou King-tseu : *Chronique indiscrète des mandarins,* II.
13. Akutagawa Ryûnosuke : *Rashômon* et autres contes.
14. Mythes et légendes extraits des *Brâhmanas.*
15. Urabe Kenkô : *Les heures oisives.* Kamo no Chômei : *Notes de ma cabane de moine.*
16. P'ou Song-ling : *Contes extraordinaires du Pavillon du Loisir.*
17. *Histoires qui sont maintenant du passé.*
18. Natsume Sôseki : *Le pauvre cœur des hommes.*
19. Z. Safâ : Anthologie de la poésie persane (XIe-XXe siècle).
20. Ihara Saikaku : *Vie d'une amie de la volupté.*
21. *L'antre aux fantômes des collines de l'Ouest* (Sept contes chinois anciens, XIIe-XIVe siècle).
22. Nguyên Du : *Kim-Vân-Kiêu.*
23. Bankim Chandra Chatterji : *Le testament de Krishnokanto.*
24. Ling Mong-tch'ou : *L'amour de la renarde* (*Marchands et lettrés de la vieille Chine* — Douze contes du XVIIe siècle).
25. Nagaï Kafû : *La Sumida.*
26. Lou Siun : *Contes anciens à notre manière.*
27. *Contes d'Ise.*
28. Kouo Mo-jo : *K'iu Yuan.*
29. Mori Ogai : *Vita sexualis (ou L'apprentissage amoureux du professeur Kanai Shizuka).*
30. Tara Shankar Banerji : *Râdhâ au lotus* et autres nouvelles.
31. Chota Roustavéli : *Le Chevalier à la peau de tigre.*
32. *David de Sassoun.*

33. *Aventures merveilleuses sous terre et ailleurs de Er-Töshtük le géant des steppes.*
34. *Le Livre des Héros* (Légendes sur les Nartes).
35. Confucius : *Les Entretiens.*
36. Lie-tseu : *Le Vrai Classique du vide parfait.*
37. Nguyên Du : *Vaste recueil de légendes merveilleuses.*
38. Toukârâm : *Psaumes du pèlerin.*
39. *Upanishads du yoga.*
40. Taha Hussein : *Au-delà du Nil.*
41. Lieou Ngo : *L'odyssée de Lao Ts'an.*
42. Lao-tseu : *Tao-tö king.*
43. Ueda Akinari : *Contes de pluie et de lune.*
44. Prince Ilangô Adigal : *Le roman de l'anneau.*
45. Rabindranath Tagore : *La fugitive.*
46. Dazaï Osamu : *La déchéance d'un homme.*

Reproduit et achevé d'imprimer
Par Dupli-print (95) en août 2015.
Dépôt légal : août 2015.
Premier dépôt légal : septembre 1990.
Numéro d'imprimeur : 2015082107.

ISBN 978-2-07-072088-0/Imprimé en France

294922